아시아,
이주의 중심을 가다

베트남 편

서울대학교 아시아연구소 열린강연시리즈 **3**

아시아, 이주의 중심을 가다
베트남 편

초판 1쇄 인쇄 2016년 4월 10일
초판 1쇄 발행 2016년 4월 15일

엮은이 오명석
펴낸곳 서울대학교출판문화원
펴낸이 성낙인

책임편집 전수형
디자인 장혜원

출판등록 제15-3호

주소 (08826) 서울 관악구 관악로 1
대표전화 02-880-5252 | 팩스 02-888-4148
마케팅팀(주문상담) 02-889-4424, 02-880-7995
이메일 snubook@snu.ac.kr
홈페이지 www.snupress.com

ISBN 978-89-521-1768-7 04300
978-89-521-1767-0 (세트)

아시아, 이주의 중심을 가다

베트남 편

서울대학교 아시아연구소 열린강연시리즈 3

오명석 엮음

서울대학교출판문화원

시리즈 발간에 부쳐

서울대학교 아시아연구소 열린강연시리즈는 아시아의 부상에 따른 문명사적 전환의 의미를 알아보기 위하여 마련되었다. 서울대학교 아시아연구소는 2009년 출범한 이래 지역과 주제의 결합을 통해 아시아 연구의 세계적 허브를 지향하고 있다. 그간 아시아 지역의 미래창발적 지식 창출과 공유를 위해 일련의 통합적 연구를 진행하는 가운데 일반대중을 위한 간결하고 명료한 도서가 필요하다는 취지에서 준비되었다.

2013년 중앙일보사의 협조를 얻어 아시아 지역이 마주하고 있는 도전과 과제를 열 번에 걸쳐 일간지 지면에 게재하면서 일부 주제를 교양서적으로 간행하기로 한 것이다. 그러나 하루가 다르게 변화가 극심한 오늘의 현실에서 이미 3년이 경과하면서 적지 않은 내용이 이미 낡아 버리지나 않았을까 하는 우려를 갖는다.

작금 우리는 아시아 시대의 도래라는 중요한 역사적 전환점에 서 있다. 그러한 문명적 대전환의 함의와 파장을 적확히 파악할 필요성은 아무리 강조해도 지나치지 않다. 돌이켜 보면, 10세기 이후 아시아의 문명적 우위가 5백 년 동안 지속되다가 15세기 이래 유럽의 부흥과 아시아의 하락이 나타났고 다시금 그 상황이 역전되고 있다. 즉, 아시아의 부상이라기보다 '재(再)부상'이 맞는 표현이다.

유럽과 미국을 낀 대서양에서 미국과 아시아를 포괄하는 태평양으로 문명의 전환이 나타나면서 네덜란드로부터 영국을 거쳐 미국에서 중국으로의 부와 권력의 이동이 이루어지고 있다. 일찍이 중국의 덩샤오핑(鄧小平)과 인도의 라지브 간디(Rajiv Gandhi)의 만남에서 공론화되었던 '아시아의 세기(Asian Century)'가 마침내 도래하고 있다는 생각이 든다.

아시아의 부상은 이미 중심부에 진입한 일본을 비롯하여 한국, 대만, 싱가포르 등 세 마리의 용도 있지만, 무엇보다 중국을 위시한 인도, 말레이시아, 인도네시아, 베트남 등 동남아 신흥국들의 등장에서 찾을 수 있다. 이 국가들의 국민총생산량은 수년

안에 미국과 유럽을 추월할 것으로 예상된다. 실상 미국의 정체와 유럽의 쇠퇴가 아시아의 부상과 맞물리면서 새로운 문명적 대안으로 아시아 지역의 발전 경험이 주목받고 있는 것이다.

여기서 중요한 한 가지 사실이 미국과 중국 사이의 변화하는 역학관계다. 국민총생산량만 놓고 보면 중국이 미국을 따라잡을 날이 멀지 않았다. 그러나 아직도 군사력이나 문화력, 정치력 등에서 중국은 소프트파워는 물론이고 하드파워에서 미국에 미치지 못하는 실정이다. 떠오르는 중국은 아시아 지역에서 신패권주의를 통해 미국을 구축(驅逐)하고 '일대일로(一帶一路)' 전략에 의해 유럽으로 진출하려 하고 있으며, 가라앉는 미국은 재(再)균형 전략에 의해 다시금 이 지역으로 복귀하려 한다. 또한 중국은 풍부한 자본력을 활용하여 미국의 주요 기업들을 인수하고 있으며, 반면에 미국은 셰일가스 채굴을 바탕으로 중동 국가들과 러시아를 압박하고 있다. 미국 내의 반(反)중국 정서, 미국에 대한 중국의 견제, 그리고 미국의 새로운 헤게모니 확립 전략 등을 목도할 수 있다.

이 시리즈는 모두 세 권으로 이루어져 있다. 첫째 권에서는 세계경제와 국제정치에서 미국과 중국의 뒤바뀌고 있는 위상을 살펴본다. 중국이 미국을 추월하여 세계제국으로 올라설 것이라는 후안강(胡鞍鋼) 교수와, 이와 달리 미국의 헤게모니는 앞으로도 상당한 기간 동안 지속될 것이라는 쿱찬(Charles A. Kupchan) 교수의 서로 다른 입장이 흥미롭다. 둘째 권인 『동아시아 역사 분쟁』에서는 동북아 3개국인 한·중·일 간의 바람직한 평화와 협력의 틀을 모색하고, 이들 3개국 간의 역사분쟁과 갈등의 현장을 탐방하면서 기록한 답사기를 수록하였다. 셋째 권인 『아시아, 이주의 중심을 가다(베트남 편)』에서는 한국에 들어온 베트남 결혼이민 여성과 이주노동자를 중점적으로 다룬다. 한국으로의 국제결혼이주에 대한 베트남 사회의 인식, 그리고 이주여성 당사자의 경험과 평가에 초점을 맞추고 있다.

여기에 소개하는 세 권의 열린강연시리즈가 빛을 보기까지 여러 분들로부터 물심 양면의 격려와 도움을 받았음을 밝히려 한다. 그분들께 마음 깊이 감사의 인사를 드린다. JTBC의 김수길 사장님(중앙일보 전편집인)과 김종혁 중앙일보 논설위원(중앙일보 전편집국장), 그리고 장세정 중앙일보 기자에게 고마움을 전한다. 그리고 해외 취재를 위해 재정지원을 해준 영원무역의 성기학 회장님께 사의를 표한다. 마지막으로 열린강연시리즈의 기획을 주도한 서울대학교 아시아연구소 소장 강명구 교수님과 편집을 위해 수고를 아끼지 않은 남은영 박사에게 각별한 인사를 드린다.

관악산을 바라보며

2016년 병신원단

임현진

이 책의 1부는 열린강연시리즈 중 '아시아, 이주의 중심을 가다(베트남 편)'에서의 강연과 이에 대한 청중들과의 토론 내용을 담고 있다. 2부는 편저자인 오명석, 최호림, 중앙일보 전영선 기자가 한국으로 결혼이민 온 베트남 여성들 다수가 고향인 메콩델타 지역의 농촌을 방문하여 작성한 현장 답사기와, 베트남 결혼이주에 대한 현지 전문가인 홍쏘안(Nguyen Thi Hong Xoan) 교수와의 인터뷰로 구성되어 있다.

베트남은 아시아 역내 이주에서 대표적 '송출국'이다. 베트남인의 해외노동이주와 국제결혼이주가 1990년대 이후 매우 활발하게 이루어지고 있는데, 이 책은 한국에 들어온 베트남 결혼이민여성과 이주노동자를 중점적으로 다루고 있다. 한국에 체류하는 이주노동자와 결혼이민여성 중에서 조선족 다음으로 베트남인의 비중이 가장 높기 때문에, 한국이 다민족 사회로 변화하는 과정을 파악하기 위해서도 이들의 이주 동기와 한국에서의 삶의 양상에 대해 이해하는 것이 매우 필요한 과제라고 할 수 있다.

이 책의 필자들은 한국으로의 국제결혼이주에 대한 베트남 사회의 인식, 그리고 이주여성 당사자의 경험과 평가가 무엇인지를 밝히는 데 초점을 맞추었다. 즉, 베트남인의 관점에서 한-베트남 결혼이라는 새로운 현상을 이해하고자 한 시도라고 할 수 있다. 오명석은 베트남 여성의 결혼이주 동기와 송금의 문제를 중심으로 국제결혼에 대한 기대와 현실이 서로 어긋나고 갈등을 불러일으키는 지점을 논의하였고, 최호림은 베트남 현지 언론에서의 한-베트남 결혼에 대한 부정적 이미지와 결혼 생활에 실패하고 귀국한 베트남 이주여성들의 경험담을 통해 한-베트남 국제결혼이 안고 있는 현실적 문제에 대해 논의하였다. 김이선은 베트남 결혼이주여성들의 사회적 관계에 주목하여 이들이 한국 사회에서의 적응을 위해 능동적으로 사회적 자원을 동원하는 양상과 한국인과의 관계를 형성하는 데 있어서의 어려움에 대해 논의하였고, 유티미하는 결혼이주여성 당사자로서 한국에서 겪은 자신의 경험담을 중심으로 이주여성 스스로 주체적인 노력을 하는 것이 무엇보다 중요하며, 그러한 노력이 결실을 맺기 위해서는 한국 사회에서 이를 위한 제도적 기반이 개선될 필요가 있음을 지적하였다. 설동훈은 한국의 외국인 노동자와 한국인 기업관리자에 대한 설문조사 자료를 바탕으로 베트남 이주노동자의 취업실태, 노동조건, 기업관리자와의 관계에 대해 분석했으며, 베트남 이주노동자와 한국인 기업관리자 사이에 심각한 의사소통의 부재와 사회적 거리가 존재하고 있음을 논의하였다.

이 책의 필자들은 한국 사회가 최근 다문화정책의 도입을 통해 결혼이주여성이나 이주노동자에 대한 사회적 편견을 해소하고 한국 사회로의 조화로운 통합을 시도하고 있지만, 그 정책이 의도하는 목적을 성취하는 데에는 중요한 한계를 드러내고 있다고 평가한다. 그러한 한계를 극복하는 한 방안으로 결혼이주여성이나 이주노동자의 관점에서 이들에게 무엇이 필요한지를 정확히 파악하고, 이들이 다문화정책을 실시하는 데 능동적인 주체로 참여할 수 있도록 여건과 제도적 기반을 마련하는 것이 관건이라는 점을 베트남 이민자들의 사례를 통해 주장하고자 하였다.

이 책은 서울대학교 아시아연구소와 중앙일보사의 공동 후원으로 출판할 수 있었다. 아시아연구소의 창립을 주도하고 초대소장직을 역임한 임현진 교수가 열린강연시리즈를 제안하고 기획함으로써 이 책의 출간이 가능했음을 감사드린다. 이 책의 제작과 편집 과정에 큰 도움을 준 아시아연구소 동남아센터의 송경아 박사와 최경희 박사, 아시아연구소의 남은영 박사에게도 감사의 말씀을 드린다.

2016년 3월
필자들을 대표하여 오명석

차례

1부

한국 속의 베트남, 베트남 속의 한국

1.
한-베트남 국제결혼에서의 기대와 현실의 엇박자

오명석

서울대학교 인류학과 교수, 서울대학교 아시아연구소 동남아센터장

'결혼의 진정성'에 대한 의혹

베트남 여성과 한국 남성 간의 국제결혼에 대해서는 유독 '결혼의 진정성'에 대한 의혹이 많다. '결혼의 진정성'이 무엇인지에 대해 그 누구도 명확하게 얘기하려고 하진 않지만, '순수한 사랑'에 의한 남녀의 결합이 결혼이라는 어떤 암묵적인 전제가 깔려 있는 것 같다. 오늘날 한국인 사이의 결혼이 이런 의미에서의 '진정한 결혼'에 해당한다고는 별로 믿고 있지 않으면서도 한-베트남 국제결혼에 대해서는 이런 잣대를 들이대는 경우가 많다. 왜 그럴까?

한-베트남 국제결혼의 진정성에 대한 의혹은 무엇보다도 결혼이 이루어지는 과정과 절차가 우리가 받아들이고 있는 '정상적'인 방식과 괴리가 크다는 점에서부터 유래한다. 만난 지 불과 2~3일 만에 속성으로 치르는 결혼식, 한국 남성의 일방적인 결혼비용 부담, 결혼 중매업체에 의해 마치 시장거래를 연상시키는 방식으로 추진되는 결혼 절차가 그 결혼의 진정성에 대한 의혹을 결혼 당사자들에게, 그리고 그것을 바라보는 한국 사회와 베트남 사회에 깊게 심어 놓은 것이다. 결혼 당사자들이 그러한 결혼 과정을 현실적 여건 때문에 어쩔 수 없이 감내해야 하는 일시적인 일탈에 불과한 것이라고 냉정하게 여기더라도, 그 과정에서 실제로 겪은 불편한 경험은 잘 잊혀지지 않으며, 부부간에 문제가 생길 때 불쑥불쑥 유령처럼 다시 나타나곤 한다.

하지만 결혼의 진정성에 대한 의혹은 이러한 상업적 중매 관행을 넘어서서 더 깊은 곳에 자리 잡고 있다. 그것은 상대방의 결혼 동기에 대한 서로의 인식과 평가와 관련된다. 한국 남성은 베트남 여성이 경제적 이유 때문에 자신과 결혼한다고 생각하며, 베트남 여성은 한국 남성이 국내에서는 결혼할 여성을 구할 능력이 없기 때문에 자신과 결혼한다고 생각한다. 그것이 겉으로는 잘 드러내지 않는 서로의 '속내'라고 믿는다. 이러한 인식은 이들이 처해 있는 실제 현실을 반영하는 측면이 있기 때문에 더욱 강력한 힘을 발휘한다.

베트남의 가난한 농촌 여성이 한국 남성과 결혼하는 가장 일반적인 동기가 경제적 이유와 깊은 관련이 있다는 것은 잘 알려져 있다. 경제적 이유라고 뭉뚱그려 표현되지만, 여기에는 개별 베트남 여성이 처해 있는 상황에 따라 매우 다양한 사연과 얘기가 담겨 있다. 도저히 갚을 능력이 없는 빚 때문에 허덕이는 집안을 부채의 고리에서 벗어나게 하려고, 아버지의 병으로 살림이 쪼들리고 있는 집안에 조금이라도 도움을 보태기 위해서, 또는 부모에게 좀 더 멋진 집과 가구를 마련해 드려 동네 사람들에게 자랑하기 위해서……. 이러한 사연들이 공통적으로 담고 있는 내용은 친정을 위한 베트남 여성 자신의 희생이다. 그러나 그러한 희생은 송금이란 방식을 통해서 구체적인 결실을 볼 수 있으며, 그것이 남편 또는 시댁 식구와 마찰을 일으키는 중요한 요인이 되고 있다.

사회적 관계짓기로서의 송금

송금을 통해 친정을 돕고자 하는 베트남 결혼이주여성의 기대를 단지 경제적 동기라는 표현으로 규정하는 것은 지나친 단순화이며 왜곡이다. 송금은 돈의 문제를 넘어서서 결혼 후 베트남 부인과 친정과의 관계, 한국 남편과 시댁이 처가와 맺는 관계가 어떻게 인식되고 평가받느냐와 긴밀히 연관되는 문제이기 때문이다. 베트남 부인 입장에서 송금은 고향 집과의 관계를 지속적으로 유지하고자 하는 욕망을 실현하는 구체적인 수단이며, 부모의 우려를 무릅쓰고 낯선 이국땅으로 결혼이주를 결심하게 된 중요한 동기이기도 하다. 한국 남성과의 결혼을 단지 자신의 빈곤한 상태를 벗어나기 위한 기회로 삼은 것만이 아니라, 친정 가족을 경제적으로 도울 기회로 여겼기 때문에 송금은 자신의 결혼 결정을 정당화할 수 있는 매우 중요한 주관적 의미를 갖는 것이기도 하다.

송금에 대한 베트남 부인의 요구를 바라보는 한국 남편과 시댁의 눈길은 곱지 않으며, 이로 인한 가족 내의 갈등이 빈번하게 발생하곤 한다. 일부 한국 남편들은 결혼 비용을 이미 자신이 모두 부담하였기 때문에 부인과 친정에 대한 자신의 의무를 다했다고 생각하기도 한다. 대부분의 한-베트남 가족이 경제적으로 여유가 없기 때문에, 송금에 대한 베트남 부인의 요구는 어려운 살림살이를 고려하지 않는 지나친 요구로 간주되며, 한국 가족에 대한 책임과 의무감을 결여한 것이 아닌가 하는 의심을 불러

일으키게 된다. 이러한 의심은 베트남 부인의 '결혼의 진정성'에 대한 의혹으로 이어진다.

한국행을 결정한 베트남 결혼이주여성도 행복한 가정을 꾸리는 것에 대한 기대와 꿈을 안고 있으며, 이는 한국 남편과 시댁도 마찬가지이다. 베트남 부인이 결혼을 돈 벌기 위한 취업과 동일시하지는 않으며, 한국 남편도 이주노동자를 고용하는 것처럼 생각하지는 않을 것이다. 하지만 무엇이 행복한 가정을 이루는 조건인가에 대해 베트남 부인과 한국 남편 및 시댁이 서로 다른 견해를 갖고 있으며, 이에 대한 상호 이해와 타협이 어려운 현실에서 갈등이 빚어진다.

베트남 부인이 생각하는 행복한 가정에 대한 기대에는 친정과 지속적 관계를 유지하고 이에 대해 한국 남편과 시댁의 적극적인 인정과 지원을 받는 것이 포함된다. 반면, 한국 남편과 시댁은 베트남 부인이 한국 가족에 더욱 전념함으로써 행복한 가정을 이룰 수 있다고 생각하며, 친정과의 관계는 부수적 요인이거나 한국 가족에 전념하는 데 방해가 되는 요인으로 여기기도 한다. 베트남 사회에서 혼인 후 딸과 친정(특히, 친정어머니)의 관계가 돈독하게 유지되는 것이 일반적 관행인 데 반해, 한국 사회에서는 전통적으로 출가외인이라는 관념이 존재하는 문화적 규범의 차이도 상호 이해를 어렵게 하는 걸림돌이 된다. 송금을 둘러싼 부부간 또는 고부간의 갈등이 심각한 가정불화로 이어지는 이유는 송금의 규모와 빈도가 친정과의 관계에 대한 베트남 부인과 한국 남편 및 시댁의 인식과 평가를 반영하는 척도로 간주되기 때문이다. 친정 또는 처가와의 관계에 대한 서로의 인식은 부부간 또는 고부간의 관계에도 직접적인 영향을 미치게 된다.

송금이 가족 관계 설정과 매우 밀접히 연관된 경제적 거래라는 점을 고려할 때, 송금을 경제논리로만 파악하는 것은 일면적인 인식일 뿐 아니라, 문제의 핵심을 빗겨 가는 잘못된 진단이라고 할 수 있다. 베트남 여성의 '결혼의 진정성'에 대한 의혹도 '순수한 사랑'과 '경제적 계산'을 엄격하게 분리하고 양자가 뒤섞이면 진정성이 훼손된다는 도덕적 명제로부터 기인하는데, 이러한 명제는 한-베트남 가족의 현실뿐 아니라 한국 사회의 가족 현실과도 괴리된 인식이라고 할 수 있다.

다문화주의와 상호의존적 관계

베트남 여성이 결혼을 위해 한국행을 결정했을 때 이들은 본국에서의 빈곤한 상태로부터의 탈출과 더불어 한국에서 보다 나은 삶을 영위하려는 꿈과 욕망을 지니고 있다. 하지만 한국이 자신들의 장밋빛 미래를 보장하는 약속의 땅이라고 굳게 믿는 것은 결코 아니다. 한국 남성과의 결혼이 가정폭력, 빈곤, 가출, 이혼, 추방 등으로 이어질 수 있다는 것을 베트남 현지에서의 소문과 언론매체를 통해서 이미 잘 알고 있다. 그럼에도 불구하고 자신은 그러한 실패를 피해 갈 수 있으리라는 가능성을 믿고 불확실한 미래에 모험적인 도전을 시도하는 것이다.

대부분의 경우 베트남 결혼이주여성들이 한국에서 겪는 현실은 이들이 예상했던 것 이상의 어려움으로 다가선다. 무엇보다 한국어 소통능력의 부재 또는 미숙함은 일상생활에서 불편함을 초래할 뿐 아니라, 한국인과 사회적 관계를 맺는 데 크나큰 장애 요인으로 작동한다. 남편과 시댁 식구와의 의사소통이 제대로 이루어지지 않아 친밀한 가족관계 형성에 어려움을 겪게 되며, 이웃 관계, 자녀교육, 취업과 같이 가족을 넘어선 외부 사회와 접촉하는 과정에서도 의사소통능력의 부족은 좌절감을 뼈저리게 느끼게 하는 주된 요인이 된다. 이에 더해 한국 사회가 베트남에 대해 가지고 있는 편견, 즉 한국보다 가난한 국가를 열등하게 여기고 무시하는 태도가 베트남 결혼이주여성을 대하는 한국인의 행동과 말에서 때로는 노골적으로, 때로는 암묵적으로 나타난다. 한국 남편과 시댁 식구가 베트남어나 베트남 문화에 대해 아무런 관심을 갖지 않거나 국내 베트남 이주민과의 접촉을 경계하는 태도는 베트남 부인에게 자신의 문화적 정체성 자체가 무시되는 경험으로 각인된다.

최근 한국 정부는 다문화가족지원센터를 설립하여 결혼이주여성을 위한 한국어와 한국전통문화에 대한 교육 프로그램을 실시하고 있다. 결혼이주여성이 한국 사회에 적응하는 과정을 돕기 위한 이러한 교육 프로그램은 이들이 당면한 현실적 욕구에 부응하는 필요한 정책이다. 대부분의 베트남 결혼이주여성이 한국어나 한국 사회에 대한 지식이 거의 없는 상태에서 한국에 들어오게 된다는 점을 감안하면 정부 차원의 이러한 지원은 이들에게 매우 소중한 기회를 제공하는 것이다.

하지만 국제결혼가족의 원만한 가족생활을 위해서는 결혼이주여성이 한국 사회를 보다 깊게 이해하려는 것과 함께, 한국 남편과 시댁 또한 부인의 본국 문화에 대해 관심을 갖고 이해하려는 쌍방향의 노력이 필요하다. 정부가 채택하고 있는 '다문화정책'이라는 명칭이 그러한 상호 이해의 필요성을 반영하고 있지만, 실제 시행되고 있는 교육 프로그램은 그러한 목표를 실현하지 못하고 있는 것이 현실이다. 현재의 프로그램은 결혼이주여성을 위한 한국어와 한국전통문화 교육에 집중되어 있으며, 한국 남편과 시댁 식구를 대상으로 부인의 본국 문화를 소개하는 교육 과정은 제대로 시행되지 못하고 있다. 그 결과 다문화정책이란 명칭에도 불구하고 현재의 교육 프로그램은 결혼이주여성의 한국 사회로의 통합에 초점을 맞춘 동화주의적 성격을 강하게 지니고 있다.

다문화주의는 흔히 문화적 차이에 대한 관용적 태도를 의미한다. 단일민족 사회, 동질적 문화에 오랫동안 익숙해 온 한국인에게 다문화적 감수성을 키우는 것은 새로운 도전이며, 최근 한국이 빠르게 다민족 사회로 변화해 가는 상황에서 시급히 요구되는 중요한 사회적 과제임이 틀림없다. 하지만 문화적 차이에 대한 관용적 태도라는 의미로만 다문화주의를 이해한다면, 이는 다문화주의가 갖는 사회적 함의를 지나치게 좁게, 그리고 소극적으로 이해하는 데 머무르게 된다. 또한 소극적 의미에서의 다문화주의는 한-베트남 가족, 나아가서 '다문화가족' 전반이 안고 있는 현실 문제를 해결하는 데에도 한계를 드러낸다. 예를 들어, 베트남 부인과 한국 남편 및 시댁이 서로 간의 문화적 차이에 대해 관용적 태도를 가진다면 가족 갈등을 해소하는 데 큰 도움이 되지만, 좀 더 근본적인 문제 해결에 이르기에는 미흡하다. 원만한 가족생활은 결혼이주여성과 한국 가족 사이에 상호의존적인 호혜적 관계를 만들어 내느냐 여부에 달려 있기 때문이다. 상호의존적 관계란 각자의 권리와 의무가 서로 얽혀 있으며, 상호 간에 주고받는 호혜성이 각자의 존재를 떠받치는 관계를 의미한다. 문화적 차이에 대한 관용은 그 자체가 목표가 아니라 이러한 상호의존적 관계를 형성하는 데 필요한 수단과 조건이라고 할 수 있다.

결혼이주여성을 대상으로 한 정부의 다문화정책도 이들과 한국 사회 사이에 상호의존적 관계를 만들어 내는 데 초점을 맞출 필요가 있다. 현재의 정책 방향은 결혼이주여성을 사회적 약자로, 또는 미숙한 시민으로 간주하고 일방적인 시혜(施惠)의 대상으로 대하는 온정주의적 태도를 보이고 있다. 이러한 온정주의적 정책은 결혼이주여성을 한국 사회에 부담을 주는 의존적 존재로 만드는 결과를 초래할 수 있다. 결혼이주여성이 능동적 주체로서 한국 사회와 상호의존적 관계에 참여하기 위해서는 이들이 갖고 있는 능력과 자원을 충분히 발휘할 수 있는 여건을 마련하는 것이 시급하다. 베트남 결혼이주여성인 유티미하(이 책, 63쪽)는 초기 정착단계에 집중된 현재의 다문화교육을 단계별 프로그램으로 개선해야 한다고 제안한다. 이주민의 체류기간에 따라 교육에 대한 필요와 욕구가 달라지기 때문이다. 이는 결혼 이주여성의 자력화를 염두에 둔 것이다.

또한 김이선(이 책, 49쪽)은 베트남 결혼이주여성들이 국내 베트남 이주민과의 관계보다도 한국인 친구나 이웃과 관계를 맺는 것에 더 큰 관심을 보인다는 설문조사 결과를 제시하였다. 이들이 한국에서 안정된 생활을 영위하는 데 한국인과의 친밀한 관계 형성을 무엇보다 중요하게 여기고 있음을 보여 주는 것이다. 이들이 일에 대한 열망과 능력을 충분히 실현하고, 베트남과 한국을 연결하는 매개자로서 다양한 활동에 참여할 때 능동적 주체로서 자신의 존재에 대해 자부심과 만족감을 느낄 수 있을 것이다. 정부의 '다문화정책'이 그 이름에 걸맞은 명실상부한 다문화정책이 되기 위해서는 결혼이주여성과 한국 사회가 상호의존적 관계로 들어서기 위한 여건을 만들어 내는 데 보다 적극적으로 나설 필요가 있다.

2.
베트남의 결혼이주와 귀국이주여성

이 글은 필자의 「국제결혼에서 귀환까지: 베트남 여성의 한국행 결혼이주 경험에 관한 연구」, 『동아연구』 68권(2015: 143-182)의 일부 내용을 수정 · 보완한 것이다.

최호림

부경대학교 국제지역학부 조교수

베트남의 결혼이주와 한-베트남 국제결혼

1980년대 이후 아시아 역내 국제 이주의 추세에서 결혼이주가 큰 비중을 차지해 왔다. 특히, 1990년대 이후 대만행 결혼이주가 급증했고 2000년대 들어서 한국이 주요 수용국이 되었다. 1987~2006년 동안 대만에서 약 37만 건의 국제결혼이 행해졌는데, 90% 이상이 중국, 베트남 및 여타 동남아 국가 출신 여성의 결혼이주에 의한 것이다(Duong Hien Hanh, 2008). 동아시아 역내 개발도상국 출신 여성과 상대적 부국 출신 남성 간의 국제결혼을 통해서 이루어지는 이러한 이주 현상은 몇 가지 특성을 지닌다. 첫째, 상업적 목적의 중개업자에 의한 세계에서 가장 큰 규모의 결혼이주 흐름이다. 한국, 대만 남성과 베트남 여성 간 국제결혼의 63.5%가 중개업체를 통한 것으로 파악되고 있다. 둘째, 한국과 대만 같은 이주 목적지 국가는 정착 이민 프로그램이 없으며, 결혼을 통한 가족의 결합이 정착 이민의 유일한 통로가 되고 있다. 부족한 노동력을 충원하기 위한 필요는 일시적 계약 이주노동자들에 의해 충족되고 있다. 셋째, 결혼이주자 대부분은 젊은 여성들이다. 한국 남성과 결혼하는 베트남 이주여성의 평균 연령은 21세이다. 넷째, 결혼이주자는 수용국 사회에 변화를 초래할 만큼 충분히 많다. 최근 한국과 대만의 결혼에서 국제결혼은 전체 혼인 중에 15~30%에 이른다.

베트남인의 국제결혼은 식민지배, 전쟁, 개혁·개방 등 근현대사의 흐름과 함께 전개되어 왔다. 베트남인은 모두 60개국 사람과 국제결혼을 해왔고 대부분이 베트남 여성과 외국 남성 간의 결혼으로 알려져 있다. 1954년 베트남 북부 지역에는 프랑스 식민군대에 복무했던 이탈리아, 프랑스, 모로코 출신 남성과 베트남 여성 부부들이 모여 사는 촌락이 형성되기도 했다(Nguyen Thi Hoa, 2008). 베트남전쟁(1954~1975) 중에는 미군과 결혼하는 베트남 남부 출신 여성들이 생겨났다. 그러나 1986년 '도이 머이(đổi mới) 정책'이 단행되기 전까지 베트남에서 국제결혼은 흔하지 않은 일이었고, 특히 지위가 높을수록 이에 대한 편견과 반대가 심하였다. 1980년대까지 국제결혼은 주로 베트남 여성과 해외에 거주하는 교포 남성 간에 이루어졌다. 1990년에 들어 개혁·개방 정책의 영향과 함께 상업적 중개업에 의한 베트남 여성의 결혼이주가 증가하기 시작하였다. 특히 대만 남성과 결혼한 베트남 여성이 2011년까지 11만여 명에 달해 한국 남성과 결혼한 경우의 두 배가 넘는다. 2000년 한 해에만 대만으로 결혼이주한 베트남 여성이 13,837명을 기록할 정도였다. 그러나 2005년부터 베트남 여성의 대만행 결혼이주는 두드러지게 감소하여 매년 약 3천 건에 머물고 있다.

2005년부터 베트남 여성의 한국행 결혼이주가 급증한 것은 대만행 결혼이주가 제한된 것에 크게 기인한다. 2003년 초 베트남 여성 도안 녓 링(Đoàn Nhật Linh, 당시 19세)이 대만의 한 공장 쓰레기더미에 버려져 20kg의 시체와 다름없는 상태로 발견되어 베트남 사회를 분노와 충격에 휩싸이게 하였다. 이뿐 아니라 가정폭력, 인신매매 등 심각한 사건이 언론에 자주 오르내리자 대만인과의 결혼에 대해 신중해야 한다는 여론이 팽배해졌다. 중개업에 의한 결혼이주 과정에서 위장 결혼, 사기, 인권침해, 폭력 등의 사회문제가 지속되자 대만 정부는 국제결혼 및 비자승인 제도를 개정하여 결혼 당사자 전원을 심층 인터뷰하는 제도를 실시하고 중개업체의 불법적인 활동을 엄격하게 규제하기 시작하였다. 베트남 사람들은 한국의 경우 배우자의 혼인증명서 발급을 위한 영사와의 면담 절차가 없어서 훨씬 간단하다고 생각한다.

한국에 대한 긍정적인 인식의 확산과 양국 교류협력 관계의 확대 또한 베트남 여성의 한국행 결혼이주를 증가시킨 요인이다. '한류'의 영향도 한국행 선호에 기여한 것으로 평가되고 있다. 한국 남성과 결혼한 여성이 대만 남성과 결혼한 여성보다 더 많은 송금을 할 수 있다는 기대가 큰 역할을 하였다는 이야기도 흔하다.

중개업에 의한 결혼이주여성 대부분은 메콩델타 농촌 출신이다.[1] 메콩델타 지방은 베트남에서 가장 빈곤한 지역 중 하나로 매년 홍수나 열대성 폭풍 등의 자연재해에 노출되어 있다. 젊은

1 2003년 대만행 베트남 결혼이주여성 11,538명 중 7,285명(65%)이 메콩델타 출신이었다(Tran Thi Kim Xuyen, "Raw data of 2004 Survey on 6 provinces in Mekong Delta about Taiwan-Vietnam Marriage: Situation and Solutions with 1062 Households," 2004; Nguyen Thi Hong Xoan, 2013 재인용). 홍쏘안 교수는 2010-2011년간 베트남 결혼이주여성의 95% 이상이 남부 베트남 출신이라고 추정하였다(Nguyen Thi Hong Xoan, 2013). 최근 수년간 북부 베트남에서 결혼이주가 증가하고 있으나 지방별 정확한 통계는 파악되지 않는다.

세대 중에는 가난과 자연재해를 피해 이주하는 경우가 많다. 게다가 이 지역은 베트남인과 함께 크메르인, 중국인, 인도인 등이 거주하여 다문화적인 성격이 두드러지고 외부 문화에 대하여 개방적인 곳이다. 실제 많은 베트남 연구자들이 이(異)민족과의 결혼에 대해 상대적으로 관대한 태도는 이런 개방적 · 다문화적 배경에서 나온 것이라고 지적한다.

대다수의 베트남 신부는 교육 수준이 낮다. 80% 정도가 중등 이하 학력으로 파악된다. 이들은 주로 실업 상태로 집안일을 돕거나 미숙련 직종에 종사하다가 이주를 결정한다. 가난을 피해 부유한 나라로 이주하고자 하지만 낮은 교육 수준과 기술 부족으로 인해 다른 형태의 해외 이주를 선택할 수 없는 형편이다. 이주여성의 부모 또한 빈곤층으로 농민(39.2%) 또는 저임금 고용노동자(54%)가 대부분이었다. 대부분 가계부채에 시달리고 갚을 능력이 없는 경우도 적지 않다(Nguyen Thi Hong Xoan, 2013).

2011년 한국행 결혼이주여성 중 베트남 출신이 7,636명(전체의 34.3%)으로 중국 출신(7,549명)을 처음으로 추월하였다. 한국행 베트남 결혼이주여성은 2000년에 77명에 불과하였으나, 2003년부터 매년 약 두 배씩 증가하여 2006년에는 10,128명에 이르렀다. 2007년 베트남 여성이 남편의 구타로 사망하는 사건이 잇따라 발생하고 베트남 정부가 국제결혼 규제 정책을 펴면서 일시 감소하기도 하였다. 한편, 외국 여성과 한국 남성의 혼인은 2002년에 처음 1만 건을 넘어선 후 급증하였다. 2005년에 3만여 건으로 정점을 찍은 이후 감소세를 보이며, 2012년에는 전년

표 1 결혼이주자의 국적별·성별 체류 현황

(단위: 명)

구분	여성	남성	전체
중국 (조선족)	51,072 (19,984)	11,828 (7,689)	62,900 (27,673)
베트남	39,061	308	39,369
일본	10,719	1,141	11,860
필리핀	9,468	287	9,755
캄보디아	4,538	9	4,547
태국	2,568	51	2,619
몽골	2,329	69	2,398
기타	7,913	7,434	15,347
계	127,668	21,127	148,795

자료: 법무부(2013년 2월호)

표 2 베트남 여성과 한국 남성의 결혼 및 이혼 건수

(단위: 건)

연도	2003	2004	2005	2006	2007	2008	2009	2010	2011	2012
결혼	1,402	2,461	5,822	10,128	6,610	8,282	7,249	9,623	7,636	6,586
이혼	28	147	289	610	895	1,078	1,292	1,552	1,931	1,992

자료: 법무부(2013년 2월호)

보다 7.3%가 감소한 20,637건을 기록하였다. 반면에 국제결혼 부부의 이혼은 최근까지 증가 추세가 지속되고 있다. 특히 한-베트남 부부의 이혼은 2004년 147건에 불과하였으나, 2011년에 1,931건, 2012년에는 1,992건을 기록하였다. 2007년 이후 한-베트남 국제결혼이 매년 7~8천 건 내외로 유지되고, 전체 국제결

혼 부부의 이혼 또한 매년 8천 건 내외로 정체된 반면에, 한-베트남 국제결혼 부부의 이혼은 지속적으로 증가하고 있는 것이다.

이러한 모습은 한국과 베트남 양국이 유교문화권이라는 공통점으로 국제결혼이 증가해 왔으며 조화로운 가족생활의 이유가 된다는 일각의 설명이 그 근거로 빈약하다는 점을 보여 준다. 효심을 강조하고 가족 간 정감과 혈연관계를 중요시하는 점 등이 공통적이지만 양국의 가족관계에서 실천되는 유교문화의 구체적인 면모는 상이한 점이 많고 또한 계층이나 지방에 따라 다양하다. 가령, 부계와 장손의 역할을 중요시하는 한국의 가부장적 규범과, 모변 혹은 처계의 역할도 거의 동등하게 강조하는 베트남의 양변적 가족 관습 간에는 상호 모순적인 특성이 내재되어 있다. 양국 모두 남녀의 가정 내 역할과 책임이 분리된 유교문화의 영향권에 있지만, 한국에서 남성은 여성보다 더 많은 권위를 가지고 있으며 결혼 후에 여성은 일반적으로 남편의 부모와 식구를 돌보는 것이 기대된다. 반면에 전통적으로 베트남 여성은 매우 활발하게 경제활동에 참여해 왔으며, 개혁·개방 이후 베트남 여성의 경제활동은 더욱 확대되는 추세이다. 베트남에서는 결혼한 딸이 결혼 후에도 친정을 경제적으로 지원하고자 하는 경우가 흔하다. 결혼하여 멀리 이주한 딸의 경우도 송금을 통해 고향에 남은 가족의 대소사에 관여하는 것을 당연하게 생각한다. 따라서 이렇게 부모와 가족을 돌보고자 하는 가치와 규범이 일견 유사한 것으로 비칠 수 있으나 실제 각자의 부모와 가족을 돌보고자 하는 상호 모순적인 욕망과 실천으로 나타나게 된다. 오히려 양국 가족관계에 공존하는 유교문화적 규범에 대한 상호 간의 기대가 서로 충돌함으로써 결과적으로 갈등의 원인이 되고 있는 것이다.

국제결혼이주에 대한 베트남 사회의 인식

베트남 사회에서는 국제결혼에 대해 비판적인 시선이 여전히 많다. 1970년대 이전에 프랑스, 미국 등 서양 남성과 결혼한 여성을 "메 떠이(Me Tây)"라고 비하하여 부르기도 하였다. 최근 중개업에 의하여 이루어지는 국제결혼의 대부분도 경제적인 이유로 선택된 것이어서 "매매혼"이라는 비판도 적지 않다. 최근 흔히 국제결혼을 빗대어 "여성이 외화를 벌어들인다(Nữ sanh ngoại tệ)"라고 말하는 신조어는 "여자는 시집가면 출가외인이다(Nữ sinh ngoại tộc)"라는 속담을 변형시킨 것이다.

베트남의 대중매체에서 젊은 여성의 국제결혼 급증 현상에 대한 비판적 기사가 자주 등장해 왔다. 특히 1999~2007년에 많은 보도가 집중되었다. 베트남 관변 미디어에서는 중개업에 의한 국제결혼이 지극히 부정적이며 위협적이라고 묘사되고, 대만과 한국은 '수치스러운 혼인을 통해 베트남 여성을 농락하는 자본주의 국가'로 그려지고 있다. 여성은 무지하고 교육받지 못한 불쌍한 희생자이므로 국가는 그들을 교육하고 보호해야 한다고 주장하는 한편, 이들은 또한 편안한 삶을 열망하는 물질주의

표 3 베트남 관변 미디어가 재현하는 중개업을 통한 국제결혼이주

구분	베트남 관변 미디어의 재현 이미지
국제결혼	• 베트남의 이상 및 민족주의에 대한 위협과 도전 • 우려와 분노를 유발하는 불확실성의 이슈 • 높은 비율의 가정폭력, 갈등으로 인한 불행한 결과 • 언어와 문화 차이, 희망과 현실의 차이에서 비롯된 실망과 비극 • 도덕적으로 잘못된 것이며, 63.5%가 사랑 없이 결혼 • 노예제와 유사한 '매매혼'
동아시아 남성과 결혼하는 베트남 여성	• 가난하고 교육받지 못하여 속고 이용당하는 수동적 희생자 • 상품화된 존재 혹은 '섹스워커' • 이기적 목적을 지닌 기회주의자, 타산적 물질주의자 • 가족, 공동체, 국가에 무책임한 자, 나라의 수치 • 병에 걸리거나 심지어 죽을 수도 있는 위험에 처한 사람
베트남 여성과 결혼한 외국 남성	• 가난하고 무능하고 늙은 자 • 화를 잘 내고 폭력적인 인성, 도덕과 윤리가 없는 자 • 결혼을 기피하는 자국 여성의 희생자, 능력 없는 총각
결혼 중매업	• 불법 중개인, 인신매매로서 중매업 • 여성을 상품화하고 피해를 입히는 범죄 활동
국제결혼이 국가에 미치는 결과	• 국가의 자부심을 해침 • 배우자를 구하지 못하게 될 젊은 남성을 압박 • 혼혈 자녀의 문제 • 실패하고 귀국한 신부는 늙은 부모뿐 아니라 사회에 큰 부담

자료: Bélanger, Khuat, and Tran(2011)의 내용 재구성

적 기회주의자로 묘사된다. 이러한 여성들은 가족, 공동체와 국가를 우선시하지 않기 때문에 이기주의자들이라고 비판받는다. 착한 딸, 훌륭한 아내와 어머니이자 시민이 되려고 하지 않고 책임을 회피하고 조국을 떠난다고 비판한다. 미디어에서는 여성의 주체성, 능동성은 대부분 무시되고 학대, 겁탈, 가정폭력 등 충격

적인 이야기들이 가득 차 있다. 나아가 미디어에서 나타나는 베트남 국가의 담론은 "동아시아 남성과 베트남 여성의 국제결혼은 남성성(masculinity)과 부권체계(patriarchy)의 이상에 대해 도전할 뿐만 아니라, 베트남이 세계자본주의로 편입되는 과정에서 민족주의와 국가주권을 위협하는 것으로 재현되고 있다"는 주장도 있다(Bélanger, Khuat, and Tran, 2011). 이에 반해 국제결혼을 통해 초국가적 네트워크가 형성될 수 있고, 결혼이주여성의 송금을 통해 베트남의 미래를 위한 투자에 기여하는 등 이주의 효과에 관한 언급은 희소하다.

귀국여성의 이야기: 결혼이주여성의 경험과 한-베트남 국제결혼의 문제점

그간 다문화가족의 적응과 갈등에 관한 연구는 수용국인 한국사회의 현상에 초점을 두는 경우가 대부분이었으며, 송출국 현지의 상황과 귀국여성의 이야기를 통한 접근은 희소하였다. 여기에서 메콩델타 농촌에서 필자가 만난 15명의 귀국여성의 이야기를 통해 한-베트남 국제결혼과 다문화가족의 문제점에 대해 살펴보고자 한다. 이들 중에는 이혼하여 귀국한 경우가 많았지만, 도망하여 자발적으로 귀국하거나 남편 가족에 의해 강제로 귀국한 경우도 있었다. 이들의 경험은 한마디로 "달콤한 꿈, 쓰라린 종말(sweet dream, sour ending)"이며 그 사이에는 "상상과 기대가 무너져 내리는(crumbling imaginings)" 경험이 있었다(Bélanger, Khuat, and Lee, 2011).

첫째, 중개업에 의해 만들어진 다문화가족 해체의 많은 원인이 기대와 현실의 차이, 배우자와 문화에 대한 정보의 제약과 왜곡 등 결혼 과정 자체에 내재되어 있다. 베트남 여성은 송금을 통해 친정을 지원하고자 하는 것이 결혼이주의 주요 목적이다. 반면에 한국 남편은 대개 노동력의 보충과 자녀 출산을 위해 국제결혼을 선택한다. 이주여성은 한국문화와 생활에 대한 사전 지식이 결여되어 있고, 대개 대중매체를 통해 얻은 정보에는 왜곡된 면이 많다. 대만 남성과 결혼하여 이주하는 베트남 여성은 반드시 두 시간짜리 기초교육을 이수하여야 하지만 한국행은 이런 필수적인 교육 과정이 없다. 베트남 남부에서 한국으로 결혼이주하는 신부에게 유사한 교육 과정을 제공하는 기관은 비정부조직인 아시아문화교류재단(ACEF)과 유엔인권정책센터(KOCUN) 두 곳뿐이다.

둘째, 귀국여성들 대부분은 결혼 생활 초기부터 결혼의 진정성을 의심받고 기본적인 가족관계의 형성에 큰 어려움을 겪었다고 토로했다. 이주여성들이 궁극적으로 체류자격을 취득하기 위해 국제결혼을 수단화하였다는 의혹이 지속된다. 실제 이런 목적을 달성하기 위해 남편으로부터 도망하는 경우도 발생한다. 한편, 남편과 가족은 이주여성이 자신들의 요구에 응하지 않거나 불만이 있을 경우 재혼을 위해 이혼을 하기도 하였다. 중매업체에 지불한 금액에 상응하는 대가를 위해 강제 이혼 후 재혼한 사례도 있었다. 대개 가난한 한국 남성이 짧은 시간에 결혼을 성사시키기 위해 중매업자에게 지불하는 약 1만 5천 달러의 금액은 많은 부담이 된다. 이것은 신부를 구하는 데 투자된 비용으로 간주되지만, 그 대부분을 중개인이 챙기고 신부 가족에게 혜택이 돌아가지 않는다.

셋째, 이혼 후 귀국한 이주여성들 대부분은 폭력에 시달리고 일꾼 혹은 상품 취급을 받거나 사회적으로 고립되었다고 하였다. 귀국여성들은 종일 밭에서 일하고 남편 식구들만 보고 살아 매우 고립된 생활을 하였다고 한다. 대개의 경우 남편이 아니라 시어머니 혹은 시누이와 일상생활을 나누는 경우가 많았다. 다수가 인권침해나 폭력을 당했다고 토로했다. 남편의 가족들에게 이주여성은 사회적으로 잘 적응하고 가족에 기여할 수 있다는 믿음이 결여되어 있기 때문에 이주여성의 일상적인 자유가 제한되는 것이다. 이주여성이 직장을 구하고 사회적 커뮤니티에 완전히 참여하는 데에 큰 장벽이 있다. 한 전문가는 자신이 적응해야 하는 사회에 대한 믿음이 약하기 때문에 이주여성은 언제든지 도망갈 수 있다고 지적하기도 한다.

넷째, 한국인 남편과 시댁은 베트남의 문화나 언어에 대해 관심이 거의 없다. 즉, "상호문화이해 욕구가 없는 다문화가족"인 셈이다. 남편의 가족으로부터 베트남에 대한 어떤 존중도 받지 못했다고 말하는 여성도 있었다. 이런 이유로 삶이 경제적으로는 개선되었더라도 모욕감과 수치심을 느끼게 된다고 말하는 이들도 있다. 한국 가정의 뿌리 깊은 가부장적 구조와 남편에게

순종할 것을 요구하는 문화는 이주여성들에게 스트레스로 작용하고 우울하게 만든다. 소득을 얻는 경제활동을 기대하였으나 전업주부로 지내야 하는 이주여성들은 쉽게 불만을 표하게 된다. 이러한 상황은 언어 장벽 때문에 더욱 악화되어 불행과 갈등을 유발한다. 가족의 대소사를 결정하는 데 있어 자신들은 어떤 관여도 못 한다고 호소하는 이주여성들도 많다. 대만-베트남 부부의 경우 자녀를 베트남으로 보내기도 하지만 한국 남편과 가족은 자녀를 베트남에 보내는 것을 허용하지 않고 직접 한국에서 키우기를 원한다고 하였다. 자신의 자녀가 "가난한 동남아인"의 피가 섞인 혼혈이라는 낙인과 차별의 고통을 겪게 될 것이라고 걱정하는 여성도 있었다.

다섯째, 귀국여성들은 의사소통의 어려움, 문화적 갈등과 함께 남편의 건강 및 경제능력의 문제로 고통을 받았다고 토로했다. 자녀가 있는 경우에는 양육문제도 심각하다. 전문가들은 "귀머거리와 마찬가지인 두 사람이 같이 사는 것이 얼마나 힘들겠는지 짐작할 수 있다"고 하였다. 나이가 많은 남편의 건강문제로 생활의 어려움을 겪은 경우가 적지 않았다. 남편의 경제적 능력과 건강문제로 일을 하고자 하는 여성이 많다. 직업을 가진 여성이라고 해도 고된 작업과 저임금을 감내해야 하는 미숙련직에 종사할 가능성이 크다. 실제로 이주여성의 절반이 소규모 식당에서 일하고 14%는 공장에서 일하는 것으로 나타났다. 출산을 한 경우 비용문제로 자녀를 보육 기관에 맡길 수 없기 때문에 일을 나가기도 쉽지 않다.

여섯째, 한국에서 이주여성들의 가족 외 사회적 관계망은 주로 한국에 거주하는 베트남인 커뮤니티에서 형성된다. 거주지가 인접한 결혼이주여성들끼리 친하게 지내는 경우가 많은데 비슷한 처지에 있어서 서로 더 이해하고 위안이 된다고 생각하기 때문이다. 이들은 대개 유학생은 지위나 계층이 높은 사람들로 간주하여 가까이하기 어려워하는 반면에, 베트남 남성 이주노동자와 친분을 갖는 경우가 적지 않다. 이로 인해 불륜관계에 대한 의심과 추문이 발생하기도 한다. 필리핀 결혼이주여성의 경우 매우 활성화된 자조적인 공동체 조직이 형성되어 있지만, 베트남 이주여성들은 비조직적이고 비공식적인 교류망에 의존하고 있다는 평가가 많다.

일곱째, 대부분의 결혼이주여성들은 한국 사회에서 동등한 시민권과 체류자격을 얻고자 한다. 노동이주와 같은 여타의 경제적 이주와 달리 결혼이주자는 가족의 구성을 통해 영구 정착을 목적으로 한국에 입국하기 때문이다. 그러나 귀국이주여성들은 시민권과 체류자격을 얻을 수 없기 때문에 이혼 이후에도 고통을 겪게 된다고 말했다. 현행법에 따르면 외국인 신부의 시민권 취득은 전적으로 남편의 의견에 달려 있다. 언어 장벽은 법적 권리의 행사나 행정 서비스의 이용도 어렵게 한다. 법 지식이 결여된 상황에서 이혼하여 이혼 서류를 온전하게 얻지 못하고 귀국하는 여성도 적지 않았다. 어떤 결혼이주여성은 한국에서 7년 이상 거주했음에도 시민권 신청 방법에 대해 알지 못하였다. 아내에 대한 주도권을 잃을까 두려워 시민권 취득의 기회를 차단

하는 남편도 있다고 하였다. 가정폭력으로 이혼 또는 가출을 하여 한국에 체류하고 있어도 온전한 일자리를 찾지 못하고 불법취업으로 이어지기도 한다. 체류자격을 희망하는 이유 중에는 베트남에 돌아가도 다시 온전한 사회구성원으로서 적응하기에 어려움이 크기 때문이기도 하다. 이혼이나 사별 후 귀국한 여성들 대다수는 부모나 가족에게 사실을 상세히 알리지 않은 채 도시로 나가 일자리를 찾는다. 일부는 소위 '성매매 업소'에서 일을 하기도 한다.

끝으로, 이혼이나 사별 후 귀국한 이주여성이 겪게 되는 문제로는 사회적 낙인과 재적응의 문제, 국적 회복이나 변경의 문제, 경제 문제, 육아 및 자녀교육 문제, 건강상의 문제 등이 있다. 베트남에서 국제결혼 후 이혼한 여성에 대한 시선은 다른 이혼 사례보다 더욱 부정적이다. 자녀를 데리고 귀국하는 여성은 더욱 힘든 상황에 놓이게 되는데, 점차 그 수가 늘고 있다. 일반적으로 메콩델타 지역에는 자녀가 많고, 딸이 결혼한 이후에도 사위와 그 자녀가 부모와 함께 살거나 가까이 사는 경우가 많다. 이러한 문화적인 상황에서는 이혼한 자녀도 쉽게 받아들일 수 있지만 문제는 빈곤이다. 빈곤층 출신 결혼이주여성의 다수가 결혼 후에도 경제적으로 개선되지 않는다. 집도 없고 직장도 구하지 못한 여성은 특히 자녀양육에 큰 어려움을 겪는다. 그래서 고향의 부모에게 아이를 맡기고 도시로 나가 일자리를 찾는 경우가 많다. 가난한 경우는 재혼도 쉽지 않다. 남편과 사별한 경우를 제외하고 정식으로 양육권을 가지고 자녀를 데리고 오는 경우는 거의 없다. 베트남에서 한-베트남 '혼혈' 자녀가 증가하고 있다고 공공연히 말해지고 있다. 또한 귀국여성의 상황이 관련 기관에 보고되지 않기 때문에 미등록으로 버려진 채 사는 자녀가 적지 않다. 자녀와 같이 살더라도 부모의 이혼이나 가족해체 경험이 자녀에게 나쁜 영향을 미치게 된다는 우려가 많다. 귀국여성이 겪는 고통은 한마디로 "몸도 상하고 마음도 상한다(Thân tàn ma dại)"는 것이다. 많은 귀국여성이 정신적·심리적 질환을 앓고 있다.

맺음말

물론 결혼이주여성 중에서도 성공 사례는 얼마든지 찾아볼 수 있다. 한국에서의 생활이 베트남보다 확실히 개선되었다고 느끼며 남편과 행복한 사랑을 나누고, 시어머니를 비롯한 남편 가족과도 원만한 관계를 유지하고 자녀도 건강하게 키우면서 결혼생활에 만족하는 신부들도 적지 않다.

"이들의 행복 비결은 남편과 시부모 모두 자신을 존중하고, 좋아하므로 스스로도 가족의 행복을 위해 최선을 다해야 한다고 생각하는 것이다. 몇몇 여성들은 남편이 집안의 거의 모든 대소사를 자신과 의논하게 되면서 남편이 자신을 사랑하고 시부모가 자신을 존중하고 있음을 느꼈다고 말한다. 그러나 가족 내 의사결정 과정에 관여하고 있는 여성들은 대부분 교육 수준이 높고 베트남 도시 지역 출신이었다. 이들은 교육 수준이 낮은 여성보다 남편과 시부모의 신뢰를 더 많이 얻고 있었다"(Nguyen Thi Hong Xoan, 2013).

많은 베트남 여성들이 모든 면에서 더 나은 삶을 기대하며 한국으로 이주하지만 이들의 삶은 그렇게 밝지만은 않다. 이주여성들의 부적응은 송출국뿐만 아니라 수용국에도 여러 가지 부작용을 가져왔다. 양국 모두 결혼을 통한 이주로 야기되는 예기치 못한 문제들을 최소화하기 위해 많은 노력을 기울이고 있지만, 베트남 이주여성들이 직면한 문제는 여전히 심각한 수준이다. 실효성 있는 정책과 실천 사업을 시행하기 위해서는 결혼이주가 양국 사회에 미치는 영향을 집중 분석하는 포괄적이고 광범위한 연구가 필요하다. 이주여성들에게 국제결혼 결정을 내리기 전에 꼭 필요한 사전 정보를 제공해야 한다. 이주여성들이 수용국의 가정 내에서 생활력을 갖추도록 하기 위해서는 양국의 각 지역사회에 상담센터를 증설하고 실효성 있는 지원 프로그램을 지속적으로 확대해야 한다. 베트남 정부는 귀국한 베트남 여성들에게 재정적·법적 지원을 제공할 수 있는 프로그램을 시행해야 한다.

한국 정부 쪽에서는 외국인 신부에게 시민권을 부여하는 제도적 장치를 보완해야 한다. 현행 제도하에서는 이주여성의 시민권 취득에 남편과 시댁 식구들이 큰 영향력을 행사하기 때문에 이주여성이 가정폭력의 희생자가 될 수 있다. 또한 이혼한 이주여성이 계속 한국에 남아서 자녀와 가까이 살 수 있도록 법적 지원을 제공해야 한다. 이혼한 이주여성 대부분은 불법체류 상태에 있으며 비자 취득이나 취업 등 여러 면에서 많은 문제에 봉착하게 된다. 이와 더불어 정부는 이주여성 지원 프로그램의 실효성을 높이고 이주여성들 스스로가 삶의 위상을 높이는 데 적극 참여할 수 있도록 자생력을 길러주어야 한다.

3.
베트남 출신 결혼이주여성의 사회적 관계를 통해 본 아시아 시대 한국 사회의 현주소

김이선

한국여성정책연구원 연구위원

베트남 출신 결혼이주여성의 등장과 아시아 세계의 재발견

한국 사회는 오랫동안 국민들 사이에 종족적·문화적 동질성에 대한 강한 믿음을 유지해 온 것으로 인정되고 있다. 이는 국민들이 비교적 동질적인 배경을 공유하고 있다는 객관적 사실에 기초한 '자연스러운' 현상만은 아니었다. 사실 역사적으로 한국 사회에는 화교나 '혼혈인' 등 종족적·문화적 배경이 다른 것으로 인정되는 소수자 집단이 존재했다. 중요한 것은 이들의 존재가 사회구성원 간의 동질성에 대한 믿음을 침해하지 않았다는 것으로 이는 종족적 소수자를 국경 밖으로 내보내거나 국민의 권리와 의무에서 배제시키는 등의 조치를 통해 획득된 것이었다(김이선 외, 2008: 35-49).

이러한 질서는 국경을 넘는 이주가 급증하고 종족적·문화적 배경이 다른 이주민이 사회적으로 가시화되면서 빠르게 변화하고 있다. 특히, 한국 사회의 이주민 가운데에는 아시아 출신 비중이 큰 만큼,[1] '이주의 시대' 들어 한국 사회에서는 아시아 각국

1 2012년 지방자치단체 외국인주민 현황조사에 따르면, 국적 미취득 외국인 주민(등록 외국인) 1,117,481명 가운데 동북아 출신이 60.3%, 동남아 출신이 20.6%이며 이 밖에 남부 아시아 출신 5.4%, 중앙아시아 출신 2.7%로 전체 국적 미취득 외국인 주민 가운데 아시아 출신이 89%를 차지하는 것으로 나타났다. 더욱이 국적 취득자 가운데에는 98.2%가 아시아 출신으로(동북아 출신 83.1%, 동남아 출신 14.0%, 남부 아시아 출신 0.7%, 중앙아시아 출신 0.4%) 거의 대부분이 아시아 출신인 것으로 나타났다.

출신과 대면하고 아시아 지역 전반을 경험할 기회가 급증했다. 이 가운데에서 역사적으로도 밀접한 관계에 있으며 한국계의 비중이 큰 중국 출신보다 베트남 출신은 수적으로 적음에도 불구하고,[2] 종족적·문화적 면에서 명백한 차이가 있음을 부정할 수 없었다. 이러한 점에서 베트남 출신도 한국 사회로 하여금 종족적·문화적 차이의 존재를 경험하도록 하는 데 결정적 계기를 제공한 것으로 보인다.

한국 사회의 다양한 이주민 가운데에서도 특히 베트남 출신 결혼이주여성은 특별한 의미를 지니고 있다. 한국 사회는 구성원들 사이의 차이를 쉽사리 인정하지 않았지만, 한국인과 가족관계에 있는 결혼이민자의 존재는 인정할 수밖에 없었다. 더욱이 중국, 일본 등의 동북아 출신에 비해 보다 명백한 차이가 있는 이들인 만큼, 가족생활과 자녀 양육 등 기본적인 부분에서도 무엇인가 차이를 보일 것이라는 전제를 부정할 수 없었다. 결국 베트남 출신 결혼이주여성은 한국 사회 내부의 이질성을 상징하는 존재로서 가족구성원 간, 사회구성원 간 차이의 존재, 이와 관련된 여러 문제가 사회적 관심사로 부상하는 데 있어 결정적 계기를 제공했다(김이선·황정미·이진영, 2007: 14-18). 베트남 출신 여성들의 가시화와 더불어 보통의 한국인들에게 기존의 질서

2 2012년 한국계를 포함한 중국 출신의 국적 미취득자는 609,569명, 국적 취득자는 99,538명인 데 비해, 베트남 출신의 국적 미취득자는 110,564명, 국적 취득자는 10,452명이다(안전행정부 2012년 지방자치단체 외국인 주민 현황조사).

에서는 상상하기 어려웠던 '한국인'들과 무엇인가 '다른' 것으로 인정되는 이들과 가족원으로, 이웃으로, 직장 동료로, 같은 학교 학부모로, 한국 국민으로 살아가는 상황이 펼쳐지게 된 것이다.

베트남 출신 결혼이주여성의 존재와 더불어 국가 외부 세계에 대한 시선도 재구성되고 있다. 냉전체계를 거치면서 한국 사회의 대외 인식은 미국, 일본을 중심으로 한 선진국과 정치적으로 복잡한 관계에 있는 동북아 주변 지역에 집중되어 있었으며 그 외의 지역, 국가는 본격적 관심을 둘 만한 곳으로 인정되지 못했다. 이러한 상황에서 베트남 출신 결혼이주여성의 등장과 함께 베트남을 비롯한 아시아 개도국은 관광지 이상의 새로운 의미를 지니기 시작했다. 베트남 출신 결혼이주여성의 한국인 가족원들에게 베트남은 처가, 외가가 있는 '가까운' 곳이 되었을 뿐 아니라, 그 외의 한국인들에게도 더 이상 한국 사회와의 연관성을 부정할 수 없는 지역이 되었기 때문이다.

이처럼 한국 사회 안팎에서 중요한 변화의 계기를 제공한 베트남 출신 결혼이주여성은 변화의 소용돌이 한가운데 서 있다. 이들이 변화의 소용돌이를 거쳐 한국 사회의 일원으로 정착할 수 있을지는 아시아 시대를 맞이하고 있는 한국 사회의 현재와 미래를 보여 주는 중요한 척도이다. 베트남 출신 여성들이 한국 사회에서 만나는 다양한 이들과 유기적 관계를 맺고 사회적 관계가 지닐 수 있는 가치를 향유하고 있는가 하는 문제는 보통 사람들의 일상 차원에서 아시아 시대가 전개되어 가는 양상을 보여 줄 수 있는 부분으로 주목할 만하다.

베트남 출신 결혼이주여성의 뿌리 내리기: 동향 출신 관계의 가치

일반적으로 익숙한 환경을 떠나 낯선 곳으로 이주한 이들은 원래의 서식지에서 뿌리 뽑혀 새로운 곳에 이식된 나무에 비유된다. 이식된 나무가 그러하듯 이주민들은 문화적 부적응이나 친밀한 이들과의 관계 단절로 인한 사회적 소외 등의 문제를 경험하게 된다. 새로운 사회에서 동향 출신처럼 자신과 유사한 점을 공유하는 이들과의 관계는 이러한 탈구적 상황을 극복할 수 있는 중요한 계기가 된다.

가족원들과 기본적 의사소통도 어려운 결혼이주여성의 경우에는 의사소통이 자유로운 동향 출신과의 관계가 귀중한 의미를 지닌다. 더욱이, 이주와 동시에 전혀 다른 배경을 지닌 한국인과 가족생활을 영위해야 하는 이들에게 유사한 경험을 지닌 동향 출신 결혼이주여성이야말로 가족들도 이해하기 어려운 자신의 어려움을 토로하고 문제 해결에 관한 조언을 구할 수 있는 유일한 존재이다. 또한 이들이 위급한 상황에 직면했을 때 도움을 청할 수 있는 '언니'이기도 하다.

바로 이러한 이유 때문에 한국 생활 초기의 결혼이주여성들은 동향 출신과의 관계에 관심이 많다. 그중에는 한국에 오기 이전부터 형성된 동향 출신과의 관계를 한국에 와서 지속적으로 발전시키는 경우도 있다. 종교단체를 통해 결혼한 이들은 종교활동으로 이주 이전부터 동향 출신과의 관계를 형성하고 한국에 온 이후에도 유지, 발전시켜 가는 경향이 있다. 또한, 한국계 중국인들처럼 상당수의 가족이나 친척이 국내에 거주하는 경우도 있다.

이에 비해, 베트남 출신 여성들은 본국에서부터 이주 이후에도 발전시킬 수 있는 동향 출신 관계를 형성할 가능성이 낮다. 여기에는 종교단체와의 관계가 긴밀하지 않은 점도 주요하게 작용하고 있다. 한국 사회에서 베트남 친척이나 이웃들과 만날 수 있는 이들이 일부 있기는 하지만 대부분 여성들에게는 이러한 가능성도 크게 제한되어 있다. 결혼 과정에서 한국인과 결혼할 또 다른 베트남 여성을 알게 될 수는 있지만, 흔히 비판의 대상이 되는 상업화된 국제결혼 과정이 개입된 관계를 지속적으로 발전시킬 가능성은 크지 않다. 이 밖에 이주 이후 한국어 교육 등을 위해 지원 기관을 이용하면서 말이 통하는 동향 출신을 만나게 되지만, 혈연이나 종교활동 등으로 오랜 기간 발전해 온 끈끈한 관계에 비해 공식 기관을 통해 형성된 관계는 지속되기 어려우며 질적으로도 빈약하기 쉽다.

이주 초기 동향 출신과의 관계가 발달하지 않은 이들은 자신과 유사한 경험을 공유한 이들의 도움이 필요한 여러 상황을 혼자 해결해 갈 수밖에 없다. 혼자 해결하기 어려운 긴급한 문제에 부닥쳤는데도 아무도 도와줄 수 없는 위급한 상황에 놓이게 될 위험을 배제할 수 없다.

한국 사회의 일원으로 성장하기: 한국인과의 관계에 대한 요구와 현실의 괴리

이처럼 결혼이주여성들에게 동향 출신과의 관계가 중요하기는 하지만 이것으로 사회적 관계에 대한 모든 요구가 해소되지는 않는다. 일반적으로 이주민들에게는 이주 초기 단계에 직면하기 쉬운 부적응 문제나 위급한 상황에 대처하는 데에는 동향 출신과의 관계가 중요하지만, 초기의 고비를 넘기고 보다 안정된 생활을 영위하는 데에는 동향 출신 이외에 다양한 이들, 특히 주류 사회성원과의 관계가 가치 있는 것으로 인정된다. 교육이나 취업 등과 관련해 동향 출신들에게 기대할 수 있는 것보다 다양한 정보와 기회가 주로 주류 사회성원들 사이에서 유통되기 때문이다.

특히, 한국인들 사이에서 '한국인의 부인이자 어머니'로 살아가는 결혼이주여성에게는 한국인들과의 관계가 긴요할 수밖에 없다. 이러한 점은 한국인들과의 관계에 대한 요구가 아이의 학교 입학 즈음 급격하게 부상한다는 사실에서도 확인된다.

베트남 출신 결혼이주여성 A, 8년 거주

"지금 (주위 사람들에게) 물어보는 거는 애기 키우는 거, 교육하는 거나, 여러 가지 한국에서 생활 같은 거나……. 많이 부족하잖아요. 애들 학교 들어갈 때는 되게 걱정 많았어요. 왜냐면 다른 한국 사람 애들이 더 잘하니까……. 우리는 조금 그러고……. 제일 좋아하는 거는 한국 사람들 만날 때. (만나면) 거의 물어보는 거는 애기. 자

표 1 결혼이주여성의 사회적 관계 요구

구분	모국인 친구, 이웃	한국인 친구, 이웃	지금으로 충분
조사대상 전체	18.0%	59.8%	22.2%
베트남 출신	19.8%	63.6%	16.5%

자료: 김이선 외(2011: 84-85)

녀교육 그런 거나. (…) 한국 사람들이랑 많이 사귀어야 해요. 모르는 거 많으니까."[3]

결혼이주여성의 사회적 관계에 관한 조사 결과에 따르면, 대부분 결혼이주여성들에게 있어 사회적 관계에 대한 요구는 한국인 친구나 이웃 관계에 집중되어 있는 가운데 베트남 출신 결혼이주여성들은 한국인과의 관계에 대한 요구가 더욱 큰 것으로 나타난다(김이선 외, 2011). 그러나 이러한 요구에도 불구하고 현실적으로는 대부분의 베트남 여성들에게 있어 한국인과의 관계는 남편이나 시댁 식구 등 가족원들에게 한정되어 있을 뿐 가족원 이외에 서로의 어려움을 토로하고 문제 해결에 도움을 주고받을 수 있는 '한국인 친구'가 있는 이들은 찾아보기 어렵다. 10년 이상 한국에서 살았더라도, 생활 한국어에 별 어려움이 없더라도, 한국인들과 같은 작업장에서 일하더라도 이러한 점에서

3 연구의 일환으로 추진된 인터뷰 과정에서 수집된 자료로 이 글에서 제시된 거주기간에 대한 정보는 2011년 인터뷰 당시를 기준으로 한 것이다. 인터뷰 내용은 가급적 당사자의 표현 그대로를 살려 표기하였다(김이선 외, 2011).

는 예외가 아니다.

베트남 출신 결혼이주여성 B, 5년 거주

"한국 친구는 아직 한 명도 없잖아요. 한국 친구를 사귀는 게 어떤 것인지 몰라요."

물론 일부 여성들은 한국인 친구가 1~2명 있기는 하지만 이 경우에도 주로 남편 친구의 부인, 자녀 친구의 어머니 등 가족원을 통해서 형성된 관계로, 스스로 다양한 활동을 하면서 한국인과의 관계를 발전시킨 경험이 있는 이들은 찾아보기 어렵다. 한국인들 사이에서 가치를 인정받는 영어나 중국어를 하는 결혼이주여성들은 이러한 자원을 바탕으로 한국인과의 관계를 발전시키기도 하지만 이러한 자원을 결여한 베트남 출신 여성들은 그 가능성도 적다.

이처럼 한국인 사이에서 살아가면서도 한국인과의 관계가 제한된 데에는 결혼이주여성 자신뿐 아니라 주위의 한국인과 관련된 요인이 복잡하게 얽혀 있다. 무엇보다 결혼이주여성들은 대부분의 한국인이 결혼이주여성, 특히 베트남 출신 여성은 결혼 과정과 동기에 무엇인가 문제가 있을 것이라는 선입견을 부담스러워한다. 특히 선입견의 대상이 되기 쉬운 베트남 출신 여성인 자신에 대해 갖고 있는 부정적 시선이 부담스러워 관계 형성에 적극적으로 나서기 어려운 상황이다. 또한 친구, 동료로서의 수평적이고 호혜적인 관계를 기대하지만, 막상 한국인과의 관계에서 자신은 무엇인가 부족해 도움을 받기만 하는 불균형한 관계로 귀착될 가능성이 농후한 점도 불편하다. 이러한 요인 때문에 베트남 출신 결혼이주여성은 한국인과의 관계를 원하면서도 스스로 관계 형성을 회피하는 모순적 태도를 보이기도 한다.

베트남 출신 결혼이주여성의 사회적 관계 발달 양상과 아시아 시대 한국 사회의 향방

아시아 시대는 정부 간 협력이나 제도적 통합만으로 완성되지 않는다. 아시아 각지의 사람들이 지역 내 어느 곳에서든 서로에 대한 이해를 바탕으로 원만한 관계를 형성하며 서로가 직면한 과제를 해결하기 위해 함께 노력하면서 국가 내부에 갇혀 있는 국민 정체성을 초월해 아시아인으로서의 유연한 정체성을 형성해 나갈 때 비로소 진정한 아시아 시대가 구현될 수 있다. 이러한 점에서 한국 사회의 베트남 출신 결혼이주여성들이 사회적 관계 발전에 어려움을 겪고 있으며 사회적 관계가 갖는 가치를 향유하는 데에도 한계가 있는 현실은 아시아 시대를 열어가는 데 있어 우리가 풀어가야 할 과제를 제기해 준다.

결혼이주여성들 중에는 동향 출신이건 한국인이건 간에 사회적 관계가 공백에 가까운 이들이 적지 않으며 한국 생활에 있어 긍정적인 것으로 평가되는 동향 출신 및 한국인 등과 균형적 관계를 맺는 경우나 한국인을 중심으로 관계가 밀접한 경우는 일부에 불과하다. 그 가운데에서도 베트남 출신 여성들은 한국 생활에 긍정적인 방향으로 사회적 관계를 형성할 가능성이 적은 반면, 동향 출신과의 관계도, 한국인과의 관계도 발달하지 않은 채 사회적 소외 상태에 놓여 있는 이들이 상대적으로 많은 것으로 나타난다(김이선 외, 2011: 88). 베트남 출신의 경우 동향 출신이나 한국인들과의 관계 형성의 계기가 되는 각종 활동이나 모임 참여도 저조한 편이다(김이선 외, 2011: 62, 72).

사회적 관계 형성이나 사회활동 참여에 대한 요구에도 불구하고 이러한 요구가 실현되지 못하는 데에는 결혼이주여성 개인에게만 그 요인이 있는 것은 아니다. 결혼이주여성 가운데에도 베트남 출신의 경우 사회적 교류에 대해서는 가족들의 지지가 상대적으로 낮다는 점은 주목할 만하다. 결혼이민자의 특성상 가족원조차 여성의 사회적 관계, 특히 동향 출신과의 관계에 대한 요구는 이해하기 어렵다. 이에 더해, 결혼 과정의 문제로 배우자 간에 신뢰가 낮은 경우에는 가족들이 가족 외부, 특히 베트남 출신과의 관계를 명백히 경계하는 사례까지 발견된다(김이선 외, 2011: 56-57, 138-139).

사회 일반 차원에서도 베트남 출신 결혼이주여성의 사회적 관계와 관련해 비판적으로 접근되어야 할 부분이 적지 않다. 특히, 이들이 한국인들과의 관계 형성에 한계가 있는 데에는 베트남 출신에 대한, 결혼이주여성에 대한 사회적 인식이 중요한 변수로 작용하고 있다.

이와 관련해 세계화 과정에서 세계의 다양한 집단과 문화에 대한 시선이 전혀 다른 방향으로 분화되고 있는 점은 주목할 필요가 있다. 즉, 선진국 출신과 문화 자본으로서의 가치가 큰 일부 언어, 문화에 관심을 집중시키는 글로벌 상호문화지향(global interculturalism)이 두드러지면서 외형적으로는 개방성이 높아진 것처럼 보이기는 하지만 실상 이주 등을 통해 지역 내에 존재하게 된 개도국 출신과 그들의 문화에 대한 구체적 인식과 가치는 좀처럼 변화하지 않는 현상이 팽배해 있는 것이다(Kymlicka, 2003: 147-169; 김이선 · 황정미 · 이진영, 2007: 163-165). 다른 국가 출신에 비해 베트남 출신 여성들의 사회적 관계는 특히 취약하다. 베트남 출신 여성들은 영어나 중국어를 사용하는 다른 결혼이주여성과는 달리 자신의 모국어나 출신 문화만으로는 한국인들과 관계를 맺을 가능성이 거의 없다. 이러한 양상은 한국 사회에서 결혼이주여성이 사회적 관계를 형성하는 데 결정적인 영향을 미치고 있다는 점을 시사한다. 이와 더불어 베트남 출신 결혼이주여성에게는 결혼 과정에 대한 의혹, 사회성원으로서의 역량에 대한 부정적 시선이 집중되어 있어 관계 형성에 어려움을 겪기 쉽고 불균형한 관계에 놓일 우려도 크다는 점 역시 비판적 검토가 필요한 부분이다.

베트남 출신 결혼이주여성의 등장과 함께 한국인들의 일상적 경험 세계에서 아시아 지역과 그곳의 사람들, 이들의 문화적 배경 등에 대한 인식을 확장시킬 수 있는 계기가 마련되었지만, 결국 아시아 시대의 구체적 향방은 일상생활에서 만나게 된 아시아의 다양한 사람들이 서로에 대한 이해를 얼마나 발전시키고 관계를 돈독히 할 수 있는지에 달려 있다. 그리고 이러한 역동성은 베트남 출신 여성을 비롯해 그간 한국 사회에서 주목받지 못했던 아시아 지역 사람들의 다양한 문화적 배경을 이해하고, 차이와 차이의 대상인 이주민에 대한 부정적 편견을 극복하여 지배적 시선을 재구성하려는 한국 사회의 자성적 실천 노력에 따라 좌우될 수밖에 없다.

4.
베트남 결혼이주여성으로서의 삶과 바람

유티미하

재한베트남문화징검다리 회장

들어가는 말

베트남 난민들이 한국에 오기 시작한 것은 베트남전쟁이 끝난 1976년부터였다. 베트남전쟁 중 일명 '라이따이한'이라 불리는 한국 남성과 베트남 현지 여성 사이에서 태어난 아이들이 1990년부터 여러 사회복지단체의 도움으로 아버지의 땅 한국으로 오기 시작했다. 이 무렵 한국에 있는 베트남 여성노동자들이 한국 남성과 결혼하는 경우도 있었다. 특히 2000년대 들어 폭발적으로 많은 수의 베트남 여성이 국제결혼을 통해 한국으로 이주하게 된다. 이 글에서는 한국으로 이주해 온 베트남인, 특히 베트남 결혼이주여성의 삶과 정착과정에 어떤 어려움이 있는지를 이야기하고, 한-베트남의 우호관계 증진 방안을 제언하고자 한다.

결혼이주여성으로서의 삶

안녕하십니까? 저는 한국으로 이주한 여느 베트남 여성과 마찬가지로 베트남에서 나고 자랐습니다. 그리고 스무 살이 조금 넘은, 여자로서 가장 아름다운 나이에 한국으로 시집을 왔습니다. 저의 남편은 한국인이지만 베트남에서 성장한 경험이 있습니다. 결혼을 결심할 당시 저는 "한국은 눈이 많이 오는 나라이고, 김치를 먹는다"는 것 외에는 한국에 대해 잘 몰랐지만, 베트남에서 멀리 떠나겠다는 생각으로 결혼을 결심했습니다. 1997년에 저는 인천에 도착했습니다. 인천은 제가 태어나고 자란 바다의 도시 붕따오와 비슷한 점이 많았습니다. 남편과 시댁 식구는 저한테 아주 잘 대해 주었고, 남편과 베트남어로 대화할 수 있으니 가정생활에 큰 어려움이 없었습니다. 그럼에도 불구하고 마음에는 깊은 외로움이 있었습니다.

제가 한국에 온 그 시기에는 오늘날처럼 결혼이주여성이 많지 않았습니다. 또한 한국어를 가르쳐 주는 학원이나 봉사단체도 찾기가 쉽지 않았습니다. 한국에 오기 전에 호찌민 시에서 4개월 정도 한국어를 공부했지만 조금 읽고 쓸 수 있을 뿐이었습니다. 아무리 찾아도 한국어를 가르쳐 주는 데가 없어서 저는 혼자 책으로 공부할 수밖에 없었습니다. 서울대학교에서 출판된 한국어 강의 교재로 공부했는데 한국어와 베트남어는 문법적으로 차이가 많았습니다. 예를 들면, "나는 밥을 먹고 싶다"의 베트남 어순은 "나는 싶다 먹고 밥" 이렇게 거꾸로 됩니다. 이처럼 가정에서는 주로 베트남어로 대화하느라 실습할 기회가 적었고, 어순의 차이가 크고 교육받을 기회가 없었기 때문에 저에게 한국어를 배우는 것은 너무나 어려운 일이었습니다.

남편과 시댁 식구와의 관계는 행복하였지만 그럼에도 너무나 외롭고 비관적으로 느낄 때가 많았습니다. 저는 베트남에서 학교에 다닐 때 단체활동에 적극적으로 참가하였고 졸업한 후에도 시인민위원회에서 근무하였습니다. 저는 사람과 교제하는 일을 좋아했고 사회생활에 익숙했습니다. 그런데 한국이라는 낯선 나라에서 제 자신의 능력과 취미 활동을 발전시키지 못하게 되면서 외로움이 커졌습니다. 그래서 항상 친구, 옛 동료, 친정집, 그리고 무엇보다 베트남에서의 삶을 몹시 그리워하였습니다.

밖에 나가서 일하고 싶었지만 남편은 한국어 의사소통이 어려우니 적당한 직업을 구하지 못할 것이라고 항상 말했습니다. 그냥 앉아서 기다려서는 안 되겠다고 생각한 저는 스스로 신문이나 구인광고를 찾아서 남편이 출근하고 없을 때 서툰 한국어로 직접 전화를 해서 물어보았습니다. 공장, 식당 등 힘든 직업이라는 것을 알지만 저는 일이 너무나 하고 싶었습니다. 그러나 연락하는 곳마다 제가 몇 마디를 채 끝내기도 전에 "외국인 안 돼요"라고 전화를 끊었습니다. 너무나 슬펐습니다. 사실은 남편을 처음 만나서 결혼할 때까지도 의사소통이 안 되는 외국에서 사는 것이 이렇게 힘든 것인지 몰랐습니다. "어떻게 해야 하나?" 남편의 직장은 여기에 있고, 아들 둘은 한국 국적을 갖고 있는데……. 다른 방법이 없을까? 베트남에 "Có công mài sắt có ngày nên kim", "당장은 쇠붙이나 나중에 금붙이가 된다"라는 속담이 있습니다. 이 속담은 인내심에 관한 것입니다.

시간은 이렇게 흘렀습니다. 날마다 집안에서 일하던 저에게 가장 친한 친구는 TV와 서울대학교에서 나온 한국어 강의 교재뿐이었습니다. "안녕하세요"라는 단 한마디 말만 할 줄 알던 저는 책으로 공부한 지 3개월이 지나서는 이웃과 시장에서 대충 몇 마디를 할 수 있게 되었습니다. 그러던 중 2005년에 한국어를 배울 수 있는 기회가 찾아왔습니다. 어떤 친구가 인천근로문화센터에서 외국인을 위한 무료 한국어교실이 생겼다고 알려 준 것입니다. 너무나 기쁜 나머지 저는 일요일마다 그 한국어교실에 참여하게 되었습니다. 이 무렵에 제가 살고 있는 도시 인천을 비롯해 전국에 이주여성 및 이주노동자를 위한 한국어교실이 점점 많이 생겨났습니다. 저는 사막에서 물을 발견한 사람처럼 이쪽 센터에서 공부하고 이쪽이 끝나면 또 다른 센터에 다니기 시작했습니다. 오랜 방학이 끝나고 다시 학교에 가는 학생 시절처럼 너무나 기뻤습니다.

저는 지금도 인천천주교회에 속한 카리타스센터에서 만난 한국어교실의 학생들과 함께했던 점심 식사를 기억하고 있습니다. 수업 후에는 따뜻하고 항상 웃음소리가 끊이지 않던 소박한 식사 자리가 있었습니다. 그곳은 사랑이 가득 찬 작은 집이었고, 저처럼 먼 나라에 시집온 여성들에게 매우 소중한 장소였습니다.

시간이 점차 지날수록 더 많은 외국인이 한국에 노동이나 결혼을 목적으로 들어오게 되었습니다. 이들에 대한 지원이 필요하게 되면서 저에게도 일할 수 있는 기회가 생겼습니다. 한번은, 한국에 온 지 얼마 안 돼서 혼자 병원을 가지 못하는 베트남인을 도와 통역을 해주었습니다. 이때 어느 베트남 신부님(베트남인공동체를 도와주려 한국에 오신)이 그 이야기를 듣고 저를 인천천주교외국인근로자상담소에 소개해 준 것입니다. 한국에서는 일할 기회를 갖지 못할 것이라고 좌절해 있던 저에게 이 일은 너무나 많은 것을 바꾸게 한 계기였고, 그 후 저는 낙관적으로 변했습니다.

국제결혼에 대한 인식의 개선

한국에 온 베트남 여성은 출신 지역, 나이, 교육 수준 등이 다양하기 때문에 한국에 정착하는 과정에서도 많은 차이가 납니다. 베트남 여성에게 적절한 정책을 마련하려면 관련 정부기관에서 구체적으로 지속인 연구를 해야 할 것입니다. 한국에 있는 베트남 여성들의 한국 생활에는 어려움이 많은데 특히 의사소통의 어려움으로 인한 부부갈등, 고부갈등이 큰 문제입니다. 특히 농촌에 살고 있는 결혼이주여성들의 생활은 더 힘듭니다. 문화적 차이와 의사소통으로 생긴 불화를 잘 해결하지 못하여 생긴 문제나 일부 국제결혼의 피해 사례를 가지고 베트남 여성들에 대해 나쁜 편견을 가져서는 안 될 것입니다. 베트남 여성은 대체로 순박하고 단순합니다. 결혼이주여성 중에는 어려운 가정형편으로 인해 초등학교나 중학교를 졸업하지 못한 여성이 많이 있지만 한국에서 노력하여 검정고시를 보거나 대학에 입학하는 여성도 늘고 있습니다. 그리고 많은 베트남 여성이 능력에 맞는 전문적이고 안정적인 직업을 찾아 취업하기를 희망합니다. 베트남 여성은 일하기를 매우 좋아합니다. 공장에서 일하는 여성도 많지만, 능숙한 한국어로 한국의 정부기관에서 통역요원으로 근무하거나 다문화 강사 활동을 하는 여성이 늘고 있습니다.

　한국에 와서 한국말을 빨리 배워야 하고, 문화를 배워야 하고, 전문적인 직업을 갖기 위해 더 열심히 공부해야 하며, 시부모님과의 관계와 자녀양육을 잘하기 위해 한국에 온 베트남이주여성은 정신없이 바쁘게 살게 될 것 같습니다.

일부 외국인 배우자와의 결혼이 파행을 겪는다고 전체 결혼이주여성과 그 여성의 출신 국가까지 비방하는 것은 올바르지 않다고 생각합니다. 한국인 부부의 이혼율도 상당히 높은 지금의 상황에서 유독 외국인 배우자의 이혼을 문제 삼고 이를 국가에서 해결해 달라고 요구할 수 있을까요? 10년을 살든지, 1년을 살든지 사람들은 누구나 이혼할 수가 있습니다. 문화와 언어가 다른 민족끼리의 결혼 생활은 서로 한발 양보하면서 살아야 하며, 그런 마음가짐이 없다면 처음부터 결혼을 포기하는 것이 좋을지 모릅니다. 국가에서 할 수 있는 일이라고는 외국인 신부의 결혼사증에 대한 심사 강화밖에는 없을 것입니다.

국제결혼을 할 때에는 결혼의 파행을 염두에 두고 법적으로 보호를 받을 수 있도록 계약서 작성에 신중을 기하여야 할 것입니다. 현지 중개업자들의 책임감 있는 중개알선도 필요합니다. 피해를 본 후에 국가에 대고 부르짖어본들 국가가 이를 해결할 수 없을 것입니다. 국가에서 등을 떠밀어 국제결혼을 하라고 하지는 않았을 것이니까요. 흔히 결혼이주여성이 한국 영주권과 한국 국적을 취득한 이후 가출을 한다고 하지만 실제로는 다양한 이유가 존재합니다. 예를 들어, 한국 남성과 결혼하여 국적을 취득하고 살다가 이혼한 다음에 또 다른 한국 남성과 재혼하는 경우도 상당히 많이 있습니다. 이는 한국인들의 이혼과 재혼의 경우와 다를 것이 없습니다. 지금처럼 중개업자를 통한 짧은 만남으로는 배우자에 대해 잘 알기 힘들 것입니다. 충분한 시간을 갖고, 신중하게 국제결혼을 결정하는 것이 필요합니다.

다문화교육 프로그램의 개선

다문화센터에서 진행하고 있는 프로그램은 좀 더 다양해질 필요가 있습니다. 한국에서 체류한 연도에 맞게 좀 더 적합하고 효과적인 프로그램이 만들어지면 이주여성에게 더 큰 혜택이 돌아갈 것 같습니다. 특히 직장에 다니는 이주여성과 한국에 온 지 오래된 여성에게 적합한 프로그램을 찾기가 쉽지 않습니다. 왜냐하면 다문화가족지원센터에서 진행하고 있는 프로그램은 대부분 한국에 온 지 얼마 안 되는 이주민에게 집중되어 있기 때문입니다.

또한 다문화가족지원센터에 법률상담 프로그램이 제공되면 이주여성에게 큰 도움이 될 것으로 생각합니다. 베트남 여성은 이혼 후에도 자녀양육권을 희망합니다. 그런데 한국법에서는 양육권이 대부분 남편에게 속하기 때문에 베트남 여성은 이혼하고 싶어도 자녀 때문에 이혼하지 못하는 경우가 많습니다. 이 때문에 남편 몰래 자녀를 베트남 친척에게 보내고, 가출을 선택하는 경우가 생기기도 합니다. 결혼 생활에서 발생한 여러 고통을 보상받을 수 있는 법적 장치가 없기 때문에 이런 선택을 하는 경우가 많습니다. 불쌍하게 사망한 이주여성에게는 사회복지기관의 도움과 함께 유족에 대한 법률적 지원과 보조금 모금 활동이 필요합니다. 최근 베트남 여성의 사망 사건이 증가하고 있지만 이에 대한 대책이 없어서 안타깝습니다. 사망 원인에 대해 유족들은 궁금해하지만, 그 점을 밝힐 방법이 없습니다. 마지막으로 베트남 여성뿐만 아니라 이주여성 누구나 일하기를 원합니다. 일하면 스트레스가 줄고, 한국 사회에 빨리 적응할 수 있으며, 가정생활에 안정감을 느낄 수 있습니다. 따라서 직업훈련이나 일자리 소개 등의 프로그램이 많아지길 희망합니다.

맺음말

올해로 한국과 베트남이 수교한 지 21년이 됩니다. 베트남이주여성이 이제 한국의 삶에 대해 좋은 추억을 쌓아가고, 한국 땅에 뿌리를 내리게 되길 바랍니다. 또한 양국 문화에 대해 서로 더 잘 이해할 수 있도록 많은 정보의 교환이 있어야 할 것입니다. 한국에는 여러 나라 사람이 함께 살고 있습니다. 다문화 사회에서는 다양한 사람, 서로 다른 환경을 인정하고 조화하려는 노력이 필요합니다. 저는 한국에서 '살 만한 세상'을 꿈꾸는 사람이며, '살 만한 세상'을 만들기 위해 많은 기여를 하고 싶습니다. 한국은 역사적인 유적지, 천혜의 자연환경과 현대 문화가 살아 숨 쉬는 무한한 잠재력을 가지고 있는 나라입니다. 이제 이 땅에서 이주해 온 사람들이 자신의 능력을 맘껏 발휘하고, 이주여성들이 한국 여성들과 조화롭게 공존하고, 가정의 평화와 행복을 이룰 수 있도록 많은 관심과 도움이 필요할 때라고 생각합니다.

5.
베트남 출신 이주노동자의 일과 생활

설동훈

전북대학교 사회학과 교수, 사단법인 고용이민연구센터 이사장

이주노동자의 수와 직종 구성

2012년 12월 말 기준으로 국내에 체류 중인 전체 이주노동자 수는 641,892명이다. 출신국별로 살펴보면, 중국이 306,611명으로 가장 많고, 2위가 베트남으로 69,675명이며, 그다음은 태국(32,249명), 인도네시아(29,639명), 우즈베키스탄(27,442명), 필리핀(26,507명), 스리랑카(21,320명), 캄보디아(19,139명) 등의 순이다. 베트남 이주노동자 수는 중국에 비하면 그 수가 비록 적지만, 3위인 태국의 두 배 이상이다.

베트남 출신 이주노동자 중 전문기술직 종사자 수는 756명(1.1%)에 불과하고, 나머지 68,919명(98.9%)은 생산직 종사자이다(표 1 참조). 전문기술직 종사자는 특정활동(E-7) 590명, 연구(E-3) 144명, 교수(E-1) 18명, 회화(E-2) 4명 등의 체류자격 소

표 1 국내 체류 베트남 출신 이주노동자 수

구분	전체		베트남	
	명	%	명	%
이주노동자 전체	641,892	100.0	69,675	100.0
전문기술직	46,469	7.2	756	1.1
생산직	595,423	92.8	68,919	98.9
– 비전문취업	184,229	28.7	43,254	62.1
– 방문취업	233,340	36.4	0	0.0
– 서류미비	177,854	27.7	25,665	36.8

자료: 법무부(2013)

표 2 베트남 출신 이주노동자의 성별·직종별 구성

(단위: 명)

구분	전체	남자	여자
이주노동자 전체	69,675	57,595	12,080
전문기술직	756	595	161
– 교수(E-1)	18	16	2
– 회화(E-2)	4	2	2
– 연구(E-3)	144	110	34
– 기술지도(E-4)	0	0	0
– 전문직업(E-5)	0	0	0
– 예술흥행(E-6)	0	0	0
– 특정활동(E-7)	590	467	123
생산직	68,919	57,000	11,919
– 비전문취업(E-9)	41,604	36,599	5,005
– 선원취업(E-10)	1,635	1,635	0
– 산업연수(D-3)	15	6	9
– 서류미비 이주노동자	25,665	18,760	6,905

자료: 법무부(2013)

지자로 구성된다. 전문기술직 종사자 중 남자는 595명, 여자는 161명이다(표 2 참조).

생산직 이주노동자 중 43,254명은 비전문취업(E-9; 41,604명), 선원취업(E-10; 1,635명), 산업연수(D-3; 15명) 체류자격을 가진 합법취업자이지만, 25,665명은 흔히 '불법체류자'라 불리는 서류미비 이주노동자이다. 생산직 이주노동자의 압도적 대다수는

전국의 중소제조업체에서 일하고, 일부가 건설 현장, 농장 또는 어장에서 노동자로 일하거나, 연근해 어선의 선원으로 일한다. 생산직 노동자 중 남자는 57,000명, 여자는 11,919명이다.

베트남 출신 전체 이주노동자 중 남자는 57,595명(82.7%)이고, 여자는 12,080명(17.3%)이다. 남성 노동자들은 주로 기계 공업에 종사하고, 여성 노동자들은 전자·봉제 등 경공업에 종사한다. 한국 정부의 단속에 걸리면 강제퇴거 될 수밖에 없는 서류미비 이주노동자들은 남자가 18,760명, 여자가 6,905명이다. 그들이 일하는 곳은 합법취업자들과 다르지 않으며, 임금과 근로조건도 비슷하다.

이주노동자의 취업 실태

베트남 출신 이주노동자의 취업 실태를 IOM이민정책연구원에서 2010년 실시한 「체류외국인 실태조사」(2012) 자료를 분석하여 살펴보기로 한다(정기선 외, 2010; 설동훈 · 고재훈, 2015). 베트남 출신 이주노동자는 주로 중소기업에서 일한다. 종업원 수 기준 기업규모별 취업자 구성 비율을 보면, 9명 이하 15.9%, 20~29명 35.8%, 30~49명 33.8%, 50~99명 6.6%, 100~299명 2.0%, 300명 이상 6.0%이다. 그들이 일하는 회사의 종업원 수는 평균 48.79명이고, 그중 이주노동자 수는 평균 9.97명이다. 베트남 출신 이주노동자들이 일하는 회사의 종업원 중 20.4%가 이주노동자이다.

이주노동자가 현재 직장에서 근속한 기간은 평균 2.08년이다. 체류기간 분포를 살펴보면, 1년 미만이 30.9%, 1년 이상 2년 미만이 21.3%, 2년 이상 3년 미만 18.4%, 3년 이상 4년 미만 14.7%, 4년 이상 5년 미만 3.7%, 5년 이상 11.0%로 나타났다.

베트남 출신 이주노동자가 현재 맡는 일에 대한 평가는, "내가 원하는 일이다" 52.1%, "일이 편하고 쉽다" 47.9%, "근로환경이 좋다" 43.7%, "특별한 기능이 없는 사람이 할 수 있는 일이다" 42.0%, "다른 사람의 간섭이 적다" 33.69%, "임금수준이 높다" 22.7%, "향후 발전 가능성이 크다" 17.6%의 동의율을 보인다. 그러나 "나이 때문에 이 일밖에 할 수 없다"라는 반응을 보이는 비율은 고작 8.4%이다. 내가 원하는 일이고, 일이 편하고 쉬우며, 근로환경이 좋고, 특별한 숙련을 요구하지 않는 일에 종사하며, 다른 사람의 간섭이 적다는 반응을 보인 이주노동자의 비율이 높다. 베트남 출신 이주노동자는 대부분 20~30대의 청년층이므로 나이에 따른 취업 활동의 제약은 거의 없는 것으로 나타났다.

베트남 출신 이주노동자의 47.37%는 사업장을 옮긴 적이 없다고 응답하였고, 나머지 52.7%는 한 차례 이상 사업장을 옮긴 적이 있는 것으로 응답하였다. 이주노동자의 평균 사업장 이동 횟수는 1.00회이다. 고용허가제로 체류한 기간을 통제하여 연간 사업장 이동 횟수를 계산하면 0.31회이다. 베트남 출신 이주노동자의 사업장 이동 횟수는 다른 나라 출신과 비교할 때 상대적으로 많은 편이다.

이주노동자가 사업장을 바꿀 경우 누구의 도움이 가장 필요할까? 조사 결과에 의하면, 베트남 출신 이주노동자들은 '고용노동부 고용센터'(79.7%)와 '모국인 친구 또는 친척'(16.5%), '한국인 친구 또는 친지'(2.5%) 등의 도움을 받는 것으로 나타났다.

이주노동자가 사업장을 옮긴 이유는 좀 더 높은 임금을 받기 위해서가 가장 많다. 조사 결과를 보면, "임금이 낮아서"(21.5%), "회사에 일이 없어서"(16.5%), "일이 힘들어서"(7.6%), "한국인 직장 상사와 사이가 안 좋아서"(7.6%), "회사가 파산해서"(7.6%), "임금이 체불되어서"(6.3%), "일이 위험해서"(5.1%), "숙소가 안 좋아서"(5.1%), "한국인 직장 동료와 사이가 안 좋아서"(3.8%), "일하는 환경이 더럽고 불결해서"(3.8%), "다치거나 아파서"(2.5%), "입사 시 근로계약 내용과 달라서"(1.3%) 등의 순이다. 여러 가지 불가피한 사유로 이동하는 경우도 있지만, 임금 요인이 이주노동자의 사업장 이동 원인 중 핵심이다. 즉, 이주노동자들은 상대적으로 높은 임금을 찾아 사업장을 옮기고 있는 것으로 파악할 수 있다.

이주노동자의 사업장 변경 사유 중 가장 중요한 것이 임금이라고 밝혔는데, 실제 사업장 변경의 결과 작업환경과 임금수준은 어떻게 변화될까? 조사 결과에 의하면, 이주노동자가 사업장을 옮길 경우 작업환경과 임금수준은 개선된다. 사업장 이동 결과 작업환경이 "나빠졌다"(2.6%), "좋아지지도 나빠지지도 않았다"(29.5%), "좋아졌다"(57.9%)로 나타났다. 사업장 이동 결과 임금수준은 "낮아졌다"(17.9%), "낮아지지도 높아지지도 않았다"(26.9%), "높아졌다"(55.1%)로 나타났다.

베트남 출신 이주노동자가 현재 하는 일에 숙달되는 데 평균 44.26일 걸린다. 그들 중 69.0%는 한 달 이내에 현재 직무에 숙달되는 것으로 보고한다. 이는 그들이 맡은 직무가 복잡한 것이라기보다는 단순 노동에 의존하는 것이 많음을 반영한다.

베트남 출신 이주노동자는 자신의 근로 생산성이 한국인의 92.98% 정도 된다고 평가한다. 2010년 그들의 월평균 임금은 137.18만 원이다. 이주노동자의 생산성은 국내 취업 경력이 길수록 자연스레 상승한다. 특히 취업 경력 1년 미만자와 그 이상자 간의 차이는 크다. 그러나 1년이 지난 후의 상승폭은 별로 크지 않다. 그 까닭은 그들이 주로 저숙련직에 종사하고 있기 때문에 숙련의 의미가 별로 크지 못함을 반영한다. 이주노동자의 총임금은 근로 생산성을 반영하지만, 근로시간과 더욱 관련성이 크다. 초과근로 또는 휴일근로까지 불사하고 장시간 일하는 근로자들이 높은 임금을 받는다. 베트남 출신 외국인 노동자가 국내에서 받는 월평균 임금수준은 그 자신이 본국에서 받았던 임금수준의 9.66배 수준이다. 이주노동자는 취업기간 만료 후 본국으로 돌아갈 계획이 있으므로 그들의 준거집단은 한국 사회라기보다는 본국 사회에 있다고 할 수 있다. 그러한 점에서 이주노동자는 한국 사회에서 일하고 있다는 것에 만족하고 즐거워한다.

이주노동자의 평균 임금 137.18만 원은 그들의 근로시간을 고려하여 이해하여야 한다. 주간 평균 56.01시간 일하고, 월간 휴일근로 일수는 2.15일이며, 월간 평균근로 일수는 25.41일이다. 이주노동자 중 초과근로(잔업)나 휴일근로를 할 경우 그 수당을 "받는다"고 응답한 사람은 77.5%, "받지 않는다"고 응답한 사람은 15.9%, "모르겠다"고 응답한 사람은 6.6%였다. 초과근로/휴일근로 수당이 지급되지 않는 이주노동자의 비율이 약 16%에 달한다는 점은 문제이다.

근로시간, 작업강도, 임금수준을 베트남 출신 이주노동자와 한국인 노동자와 비교한 결과, 노동시간은 길고, 노동강도는 강하되, 임금수준은 한국인보다 약간 낮다. 베트남 출신 이주노동자의 근로조건과 임금수준은 국내에 취업 중인 다른 나라 출신 이주노동자와 거의 다르지 않은 것으로 나타났다.

이주노동자의 인권침해

이주노동자들은 몇 년 고생하여 목돈을 모아 본국에 돌아가서 계층 상승을 할 것이라는 꿈을 갖고 생활한다(설동훈, 1999). 일이 힘들고 주거조건이 열악하고, 간혹 인간적 모멸을 당하더라도, 꿈을 가진 그들은 행복해한다. 베트남 출신 이주노동자의 전반적 직장생활 만족도는 높다. 직장에 대한 만족도를 "매우 불만" 1점에서 "매우 만족" 7점에 이르는 7점 리커트 척도로 측정한 결과, 평균 4.48점으로 나타났다("만족도 불만도 아니다" 3.5점). 그들은 장시간 노동, 열악한 노동환경, 비인간적 처우 등이 그들의 노동과정을 특징짓거나, 최저임금수준의 낮은 임금, 편의시설

이 제대로 갖추어지지 못한 주거 상황도 마다하지 않는다(Seol, 2012a, 2012b, 2014).

그렇지만 그들이 삶의 의지를 상실하는 상황이 가끔 발생한다. 낯선 나라의 위험하고 어렵고 지저분한 작업장에서 일하는 이주노동자들에게 고충이 없을 수 없다. 베트남 출신 이주노동자들은 한국 생활의 고충으로 "작업 중 부상"(36.4%), "작업으로 인한 질병"(11.3%), "욕설"(11.3%), "한국인 직장 상사와의 갈등"(10.6%), "빠른 작업속도로 인한 어려움"(8.6%), "한국인 노동자와의 갈등"(7.9%), "임금체불"(6.0%), "여권 압류"(5.3%), "부당해고"(4.6%), "폭행"(4.6%) 등의 문제에 시달리고 있다. 특히, 부상(산업재해)과 질병(직업병)으로 인해 노동능력을 상실하게 되는 상황, 또는 임금체불로 인해 목돈 마련의 기대가 무산되는 상황에 직면하면, 그들의 꿈은 사라질 것이다. 물론, 그런 경우는 매우 희소하다. 그렇지만 인권문제는 어느 누구 한 사람에게 발생하더라도 전 사회적으로 문제가 될 수 있는 성격을 갖는다는 점을 명심할 필요가 있다. 그래서 베트남 출신 이주노동자가 한국에서 경험하는 인권침해를 산업재해와 임금체불을 중심으로 살펴보기로 한다.

우선, 산업재해와 직업병의 발생 원인은 이주노동자가 일하는 사업체가 3D 업종으로 매우 위험한 일자리라는 점, 장시간 노동에 시달리며, 휴일에도 일하는 경우가 적지 않다는 점, 안전장치·안전장비가 미비된 경우가 적지 않다는 점, 안전교육이 거의 이루어지지 않고 있다는 점, 의사소통의 문제가 이러한 상황을 악화시키고 있다는 점 등이다. 산업재해를 당한 이주노동자들은 산업재해보상보험의 적용을 받을 수 있는데도 실제로 그렇지 못하는 경우가 종종 발생한다. 그것은 이주노동자의 인식 부족에서 비롯된 것도 더러 있지만, 보다 중요한 원인은 이주노동자(특히 서류미비 이주노동자)가 산업재해를 당했을 때 많은 사업주가 산업재해보상보험 처리에 미온적 태도를 보이는 것과 관련이 있기 때문이다.

산업재해와 직업병 예방을 위해서는 다음과 같은 다각적 노력이 요망된다. 이주노동자에게 최소한의 의사소통이 가능할 정도로 한국어 교육과 안전교육을 하는 것이 급선무이다. 이주노동자들은 한국어가 서투르기 때문에 한국인보다 더 철저하게 안전교육을 해야 한다. 결국에는 3D 직종을 특징짓는 용어 중 하나인 '위험한' 일자리를 '안전한' 일자리로 바꾸려는 노력으로 이어지도록 하여야 한다. 사업장 안전에 대한 정부의 관리·감독을 강화할 필요가 있다. 합법체류 이주노동자든 서류미비 이주노동자든 상관없이 노동자에 대한 건강검진이 정기적으로 이루어져야, 산업재해보상보험법의 적용이 가능하므로, 실제로는 그 혜택에서 배제되는 이주노동자가 많은 상황을 타개할 수 있다.

한편, 외국인 고용허가제는 임금체불 시 이주노동자를 보호하기 위한 제도적 장치를 갖고 있다. 사용자는 의무적으로 '임금체불보증보험'에 가입하여야 한다. 2010년 조사에서 베트남 출신 이주노동자의 6.0%가 임금체불이 문제가 된 적이 있다고 응답했다(정기선 외, 2010). 즉, 합법취업자들은 임금체불 문제를 거의 겪지 않는다. 그러나 서류미비 이주노동자들은 사정이 다르다. 2007년 실시한 조사에 응답한 서류미비 이주노동자의 52.2%가 '임금체불'의 고통을 호소했다(한건수·설동훈, 2007: 57). 여러 가지 어려움을 감수하고 국내에서 힘겹게 일하는 서류미비 이주노동자들이 임금을 떼이고 있다.

합법체류 이주노동자의 임금체불 문제를 해결하기 위해서는 정부가 사용자의 '임금체불보증보험' 가입 여부를 철저히 확인하는 한편, 임금체불을 당한 이주노동자들이 이용할 수 있는 구제 서비스를 제공하여야 한다. 그렇지만 체불임금은 서류미비 이주노동자들이 주로 겪는 문제이다. 서류미비 이주노동자를 단속하는 정부가 그들을 직접적으로 배려하는 정책을 펴기는 쉽지 않다. 그 탈출구는 여러 가지 형태의 '나라 다스리기(governance)'를 통해서 찾을 수 있다. '정부'와 시민사회단체의 역할 분담 또는 협력이 필요하다. 정부는 한국인이 결성한 '이주노동자 지원단체'를 지원함으로써 간접적으로 그들의 임금체불 문제를 해소하는 방식을 적극적으로 모색하여야 한다. 서류미비 이주노동자를 지원하는 인도주의적 시민사회단체의 중요성이 새삼 부각된다(설동훈, 2013b).

중소기업 관리자의 이주노동자에 대한 태도

베트남 출신 이주노동자들은 한국의 중소기업에서 일하면서 관리자들과 일상적 상호작용을 한다. 필자가 2009년 조사한 「고용허가제 송출국가별 사용자 선호도 차이발생사유 등 분석 및 개선방안 연구」 자료를 재분석하여, 한국인 관리자들이 베트남 이주노동자에 대하여 갖고 있는 태도를 살펴보기로 한다.

SWOT 분석

관리자들은 SWOT 분석을 실시하여 그 결과를 토대로 전략을 세울 수 있다. 필자는 외국인 고용허가제에 근거하여 14개국 출신의 이주노동자를 고용하고 있는 관리자들의 태도를 비교하여, 중소기업 관리자의 베트남 출신 이주노동자에 대한 평가를 그림 1과 같이 요약하였다.

첫째, 강점(S: strength)으로, 베트남은 사업주의 선호가 집중되어 있는 나라로 온순하고 근로 생산성이 높으며, 사회적 친근감이 높다. 생활 관습이 한국인과 비슷하고, 업무수행 속도가 빠르다는 점도 중요하다. 둘째, 약점(W: weakness)으로는 언어(한국어) 소통능력이 떨어지고, 작업 규율이 약하며, 신체적 적응력이 떨어지고, 상급자와의 관계에서 문제가 있다는 점이 지적되었다. 셋째, 기회(O: opportunity)로 한국인과 사회적 거리가 매우 작고, 음식문화 적응력이 매우 높으며, 임금수준에 관한 문제가 거의 없다. 넷째, 위협(T: threat)으로, 현재 고용 규모에 비해 관리

그림 1 중소기업 관리자의 베트남 출신 이주노동자 SWOT 분석

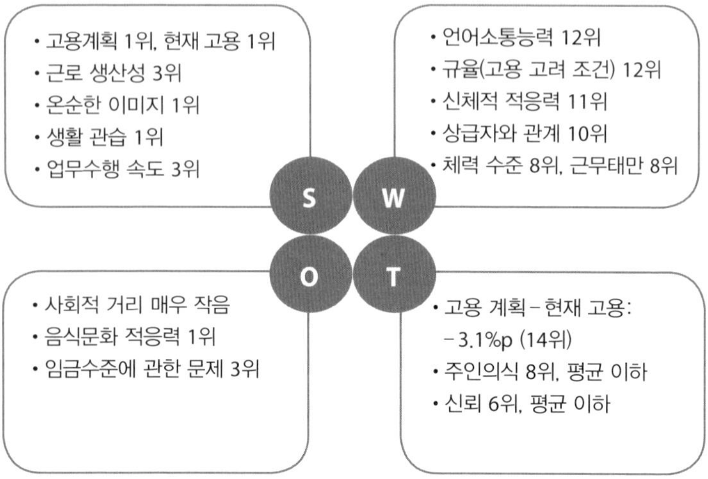

자료: 설동훈(2009: 27)

자의 장래 고용 희망 규모가 줄어들고 있다는 점, 이주노동자의 주인의식이 낮고, 신뢰 수준이 높지 않다는 점이 지적되었다. 한국의 중소기업 관리자들은 약점과 위협 요인보다는 강점과 기회 요인을 더 높이 평가한다. 그 결과, 베트남 출신 이주노동자는 한국의 중소기업 관리자들이 가장 선호하는 집단 중 하나이다(설동훈, 2009: 27).

사회적 거리 분석

사회적 거리는 사회계급, 인종·종족, 섹슈얼리티 등 다양한 종류의 원인에서 비롯된 집단 간 차이가 존재하고, 동시에 그 집단

들이 혼재되지 않은 채 제각각 존재함을 전제로 한다. 사회집단들 또는 개인들 사이에 존재하는 간격을 물리적 공간상의 두 지점 사이의 거리를 재는 것처럼 측정하려는 시도이다. 필자는 '사회적 거리'를 한국인들이 외국인 또는 이민자에 대해 느끼는 친밀 또는 소원의 정도로 정의한다.

중소기업 관리자가 외국인 노동자와 일정 기간 상호작용을 지속하면 사회적 거리는 어떻게 변화할까? 필자는 외국인 노동자를 고용한 국내 중소기업 관리자 집단과 그런 적이 없는 집단 사이에 외국인 집단에 대한 사회적 거리의 차이를 분석하였다.

표 3에서 '외국인 비고용 기업관리자'의 25개 외국인 집단에 대한 사회적 거리 순위와 '최솟값 범주'의 사회적 거리 순위를 비교하면, 그 둘의 분포는 크게 다르다. 최솟값 범주의 사회적 거리 순위는 우즈베키스탄, 태국, 필리핀, 베트남, 중국(한족), 스리랑카, 중국(조선족), 캄보디아, 인도네시아, 파키스탄, 네팔 등의 순이고, '외국인 비고용 기업관리자'의 사회적 거리 순위는 미국, 영국, 프랑스, 일본, 북한, 베트남, 필리핀, 태국, 인도네시아, 몽골 등의 순이다. 최솟값 범주의 상위 11개국은 모두 외국인 노동자 고용 경험이 있는 관리자의 사회적 거리 평가를 반영하는데, 그 나라들에 대한 사회적 거리가 모두 미국, 영국, 프랑스에 대한 것보다 짧다. 다시 말해, 국내 중소기업 관리자들은 자신이 접촉한 경험이 있는 이주노동자의 출신국 사람에 대하여 훨씬 가깝게 여기고 있다(설동훈, 2013a).

한국에서 기업관리자가 외국인 노동자와 접촉한 경험은 해

표 3 외국인 접촉 여부에 따른 25개 외국인 집단에 대한 사회적 거리 순위

국가	점수			순위			순위의 차이	
	고용	비고용	최솟값	고용	비고용	최솟값	D_i	D_i^2
우즈베키스탄	3.00	4.46	3.00	1	11	1	-10	100
태국	3.02	4.21	3.02	2	8	2	-6	36
필리핀	3.05	4.03	3.05	3	7	3	-4	16
베트남	3.19	3.98	3.19	4	6	4	-2	4
중국(한족)	3.22	4.70	3.22	5	15	5	-10	100
스리랑카	3.22	4.84	3.22	6	20	6	-14	196
중국(조선족)	3.23	4.51	3.23	7	13	7	-6	36
캄보디아	3.25	4.79	3.25	8	19	8	-11	121
인도네시아	3.27	4.33	3.27	9	9	9	0	0
파키스탄	3.44	5.03	3.44	10	24	10	-14	196
네팔	3.45	4.55	3.45	11	14	11	-3	9
미국	-	3.71	3.71	-	1	12	11	121
영국	-	3.71	3.71	-	2	13	11	121
프랑스	-	3.75	3.75	-	3	14	11	121
몽골	3.77	4.39	3.77	12	10	15	5	25
키르기스스탄	3.82	4.93	3.82	13	22	16	-6	36
일본	-	3.88	3.88	-	4	17	13	169
북한	-	3.93	3.93	-	5	18	13	169
방글라데시	4.15	4.71	4.15	14	16	19	3	9
러시아	-	4.47	4.47	-	12	20	8	64
카자흐스탄	-	4.76	4.76	-	17	21	4	16
우크라이나	-	4.76	4.76	-	18	22	4	16
미얀마	-	4.89	4.89	-	21	23	2	4
동티모르	-	5.02	5.02	-	23	24	1	1
이란	-	5.40	5.40	-	25	25	0	0
계							0	1,686

주: 동점 국가의 순위는 반올림 이전의 값을 기준으로 부여하였다.

자료: 설동훈(2013a: 221)

당 외국인 집단에 대한 사회적 거리의 변화를 초래한다. 외국인 고용 경험이 있는 기업관리자의 해당 외국인 집단에 대한 사회

적 거리 점수는 미국, 영국, 프랑스 등 한국인이 일반적으로 선호하는 나라의 사회적 거리 점수보다 낮다. 기업관리자는 자신이 접촉한 외국인 노동자들의 출신국 사람들에 대해 선진국 사람들보다 훨씬 가깝게 느낀다. 기업관리자가 모든 외국인 노동자 출신국에 대해 우호적으로 바뀐 것은 아니지만, 거의 대부분의 나라에 대해서 그러한 변화가 발생하고 있는 것은 사실이다. 상대적으로 더 많이 긍정적으로 바뀐 나라와 덜 바뀐 나라의 차이가 존재하는데, 그것은 외국인 노동자의 업무 수행 성과와 관련이 있다. 베트남은 비고용자의 경우 6위였지만 고용자의 경우 4위로 상승하였는데, 그림 1에서 살펴본 베트남 출신 이주노동자의 특성이 반영된 것으로 해석할 수 있다.

한국인 기업관리자의 외국인에 대한 사회적 거리 분석을 통해 발견한 핵심적 사실은 원활한 의사소통에 기반을 둔 상호 이해의 필요성이다. 의사소통이 단절된 상황에서 이루어지는, 불평등한 문화접촉은 상호 간의 이해를 증진시키기보다는 오히려 대립과 갈등을 부각시킨다. 그러한 악순환을 극복하기 위해서는 먼저 서로를 알아야 한다. 한국인과 외국인이 접촉을 통해 상대방을 알아가면서 문화를 이해하는 과정을 거쳐야 한다. 그렇게 되면, 일상생활에서 빚어지는 여러 가지 오해는 자연스레 풀린다.

질의응답

사회자: 오늘 발표에서 국제결혼의 피해에 대한 논의가 필요하지만 그것이 지나칠 경우 국제결혼에 대한 부정적인 이미지로 굳어지는 것에 대한 우려 등이 표명되었습니다. 국제결혼을 연구하는 전문가들도 이런 문제를 인식할 필요가 있겠다는 생각이 들었습니다. 베트남 여성의 입장에서도 한국에서의 삶을 적극적으로 개척해 나갈 필요가 있다는 말씀도 나왔습니다. 자유롭게 질문을 받도록 하겠습니다.

청중 1: 유티미하 선생님께 여쭤보고 싶어요. 아까 바라는 점을 말씀하실 때 베트남 여성이 이혼을 하고 싶어도 자녀 때문에 못해서 베트남 친척에게 보내는 어쩔 수 없는 사정이 있다고 하셨습니다. 그 이유가 결혼 생활에서 발생한 여러 고통을 법률로 보상받을 장치가 없기 때문이라고 하셨는데요, 그렇다면 베트남에서는 그런 법률적 장치가 잘 되어 있는지 궁금합니다. 그런 것들이 한국과 베트남의 여성들이 결혼 생활을 하는 데 느끼는 안정감에 차이를 주는지 궁금하고요. 한국과 베트남의 결혼문화나 제도상의 차이점이 있는지, 있다면 어떤 것인지 이야기해 주시기 바랍니다. 두 번째 질문은 지금 한국에 온 지 오래된 베트남 여성들이나 직장 다니는 여성들에게 필요한 교육 프로그램이 거의 없어서 아쉽고 도움을 받고 싶다고 하셨는데 그렇다면 어떤 프로그램이 필요하다고 생각하시는지 질문 드리고 싶습니다.

청중 2: 설동훈 선생님께 질문 드리고 싶습니다. '일자리의 경합'이라는 단어가 매우 와 닿았는데요, 이 문제를 극복하기 위한 대안이 무엇일까 생각을 해봤습니다. 또 외국인 노동자들이 나름대로 자력화하는 노력의 흐름이 보이는데 저는 일자리 경합과 같은 문제를 해결하는 방안과 가능성을 어떻게 보시는지 궁금합니다.

청중 3: 김이선 선생님께 질문 드리겠습니다. 이주여성들이 친구가 없다고 말씀하셨는데, 이 부분이 정말 사실인지 궁금합니다.

설동훈: 질문에 답변하기 이전에 몇 가지 말씀드리겠습니다. 정말로 묘한 게 노동자들끼리 친하게 지낼 것 같은데, 다른 나라 노동자들과는 별로 교류가 없습니다. 이주노동자를 대상으로 "가장 가깝게 느끼는 사람이 누구냐?"라고 질문을 하면 동네 가게주인들이 친절하다고 말합니다. 고객이니까요. 기업 내에서만 보면, 이주노동자들은 동료 노동자보다 중소기업 관리자들을 훨씬 더 가깝게 느끼고 있습니다. 한국인 동료 노동자들과는 거의

상호작용이 없어요. 인류학자들의 연구에 의하면 갈등관계가 오히려 더 많은 상황이랍니다. 보통은 소 닭 보듯 하는 무관심한 관계이죠. 그리고 출신국이 같은 노동자들은 당연히 같이 뭉칩니다. 그럴 수밖에 없는 게 같은 기업에 같은 나라 출신의 노동자들이 모여 있거든요. 결혼이민자들이 더불어 모이기 힘든 것은 제각각 주거지가 흩어져 있기 때문이고요, 또 다른 이유는 결혼이주여성이 나가서 친구들을 만나면 시댁에서 굉장히 싫어해요. 부부싸움을 많이 한다고 하죠. 누구는 친정에 송금을 얼마 했다더라 하면서요……. 또한 남성 이주노동자와 여성 결혼이민자가 만날 경우 크고 작은 사건이 종종 발생합니다. 전라북도에서는 이주노동자로 온 사람이 결혼이민자를 성폭행해서 구속된 사례도 있습니다. 일자리 경합과 관련한 논평은 좋은 지적입니다. 한국인의 일자리를 잠식하지 않으면서, 사업체에 외국 인력을 공급하고, 또 이주노동자의 근로조건을 향상하는 게 핵심 과제입니다. 그중 한 가지 쟁점이 외국인 고용허가제를 통한 저숙련 이주노동자의 사업장 이동입니다. 저는 내국인 노동자의 일자리 잠식을 방지하기 위해서는 '이주노동자의 사업장 이동 규제'가 불가피하다고 봅니다. 헌법재판소에서도 그렇게 판결했고요. 이주노동자의 사업장 변경 이슈가 헌법재판소에 올라갔을 때, 왜 한국의 양대 노총과 같은 노동단체들이 이 문제에 대해서 의견을 명확히 밝히지 않고 침묵하였는지 궁금했습니다. 한국의 노동계는 이 문제에 대해서 가타부타 입장을 밝히지 않았습니다. 조합원들의 이해관계를 볼 때는 정부 입장을 지지해야 하고,

국제적으로 볼 땐 체면 깎일 게 확실하니까 아예 입을 다물었어요. 솔직히 말하자면, 중소기업의 이주노동자 문제에 대해서 대기업 노조가 별로 관심이 없습니다.

유티미하: 서툴더라도 한국말로 대답하겠습니다. 베트남에서는 법적으로 이혼하고 나서 대부분 엄마가 양육권을 갖고 있습니다. 남편은 경제적 능력이 되면 한 달에 얼마 정도 부인에게 돈을 보내고, 그렇게 법에 정해져 있어요. 만약에 아빠가 애를 키우더라도, 엄마가 애를 보고 싶을 때는 자연스럽게 만날 수 있어요. 그런데 한국에서 이혼한 경우, 남편의 잘못에 대한 명백한 증거가 없으면 대부분 아빠가 양육권을 가져가니까 이주여성들이 너무 마음 아파해요. 왜냐하면 애들을 많이 사랑하니까요. 그런데 나중에 이혼판결 후에 대부분 시부모나 남편이 베트남 여성을 피해 숨어요. 만나고 싶어도 어렵고, 이사도 가고, 연락처도 바꾸고, 이주여성이 찾기 힘들어요. 너무 불안하죠. 특히 폭력이라고 해도 증거가 없어요. 병원도 안 가고 경찰서도 안 가기 때문에 증거가 없어요. 증거가 없기 때문에 베트남 여성들이 가출도 하고, 애들 여권 따로 만들어서 베트남으로 미리 보내고, 애들을 외할머니에게 맡긴 다음에 다시 한국에 들어오는 경우가 많아요. 이혼재판에서 이주여성의 가출을 이유로 이혼을 허용하는 판결이 나죠. 이주여성 지원 프로그램과 관련해서는 저는 한국말 쓰기 같은 거 더 배우고 싶어요. 초급, 중급처럼 정해진 과정 말고, 자연스럽게 한국 사람들과 만나서 일상 대화를 할 수

있는 프로그램이 있었으면 좋겠어요. 또 다문화가족센터에서 진행하고 있는 직업훈련 프로그램은 모두 평일에 진행되고 있어 일하는 여성들은 이용하기가 어려워요. 그래서 저녁에 하는 프로그램이 많이 생겼으면 좋겠어요.

김이선: 이주여성들이 진짜 친구가 없느냐 하는 문제는 어떻게 보면 친구를 어떻게 정의 내리느냐의 문제와도 관련된 질문이겠죠. 아마 이주여성들이 알고 있는 사람은 많겠죠. 한국에 오래 살다 보면 당연히 아는 사람은 많을 수 있죠. 그런데 진짜 본인이 고민이 있을 때 마음을 터놓고 얘기하고 어려울 때 도움을 청할 수 있는 한국인 친구가 있냐고 하면 상황이 달라진다고 볼 수 있습니다. 지역별로 차이가 있을 것 같은데요, 시골에서는 일단 동년배 자체가 없어요. 즉, 이주여성과 생애 주기가 비슷하여 관심을 공유할 사람이 거의 없는데다 주위에 있는 한국 여성들은 대부분 시어머니 친구들입니다. 시어머니 친구들과 친구가 된다는 건 상상하기 어려운 일이죠.(웃음) 그리고 무엇보다 경험을 공유하는 게 중요한데 예를 들어 유치원에서 학부모를 만난다든지, 직장에서 상사를 욕하면서 말이 통한다든지 이런 게 가능해야 하는데 사실은 이런 게 안 되는 거 같습니다. 가족은 한국인과의 교류를 크게 반대하지 않습니다. 한국 사회에 빨리 적응하려면 한국어도 늘어야 하고, 아이 교육을 시키려면 한국 친구들이 있어야 한다고 생각하기 때문이죠. 그런데 가족은 이주여성이 동향 출신과 교류하는 건 싫어합니다. 유티미하 선생님처럼

저희가 보기에 상당히 적극적으로 보이는 분도 한국인 친구를 갖기 쉽지 않은 것 같습니다.

사회자: 최호림 선생님께서 베트남 전공자로서 이번 강연을 마무리하는 답변을 부탁드립니다.

최호림: 저는 한 가지만 첨언하겠습니다. 다문화가족의 경우, 갈등의 원인은 굉장히 미세한 문화적 차이에서 비롯됩니다. 가정 내 일상에서 한국인 남편, 시어른과 베트남 여성이 미세한 차이를 겪고 있다는 것입니다. 먼저, 베트남 사람들은 일반적으로 말을 많이 하는 것이 흠이 아닙니다. 그러나 한국문화는 말에 대해 많은 편견이 있죠. 말을 낮춰라, 함부로 하지 마라, 말을 높여라, 말을 줄여라. 베트남에서는 가급적 싸우지 않고 말로 설득하는 게 좋은 것, 선입니다. 그렇다 보니 베트남에 진출한 한국 기업들은 베트남 현지 노동자들이 기술을 빨리 배우고 학력이 높고 부지런하다는 면에 대해서는 만족하지만, CEO들이 한결같이 불만스러워하는 게 뭐냐 하면 너무 말이 많다는 것이죠. 자, 상상해 보세요. 한국말이 서툰 결혼이주여성이 있어요. 2~3일 정도 간단히 인사말만 배우고 왔어요. 며느리가 시어머니에게 "좋아, 나빠, 맛있어, 같이 가, 싫어" 이런 단어들을 통해 짧게 대화를 하거든요. "친정에 전화해야 해" 하면 남편이 "하지마", 그러면 "싫어!" 이렇게 대답을 하는 거죠. 남편은 가급적 말을 안 했으면 하는데 부인은 짧은 말로 반복적으로 저항하는 것이죠. 남

편 입장에서 볼 때, "싫어, 좋아, 해~" 이 정도의 언어구사력을 갖고 있는 것이죠. 그런데 고립되어 있기 때문에 다문화 프로그램에 참여도 못해요. 자기 부인이 베트남에서 어떤 기질과 습관, 기대를 갖고 있는지 남편과 그 가족이 교육을 받거나 정보를 들을 기회가 없거든요. 물론 남편이나 가족에 대한 교육 프로그램이 있지만 대부분 일을 해야 하는 낮에 배치되어 있기 때문에 못 갑니다. 물론 많은 게 개선되고 있고 프로그램들이 많이 진행되고 있지만요……. 그렇지만 그런 미시적인 문화적 차이에 대해서 일반인들은 잘 인식하지 못하고, 오히려 문화적 동질성을 강조하는 담론만 떠돌아다녀요. 베트남이 다른 나라에 비해 우리와 가깝고 친해질 수 있다는……. 그러나 그것이 결혼이주여성이 겪는 문제를 바라보는 출발점이 되어서는 안 되고, 지금부터 방향을 바꿔야 한다는 생각이 듭니다.

2부

현장 답사

베트남 메콩델타 현장 방문기

베트남 결혼이주에 관한 인터뷰

베트남 메콩델타 현장 방문기

(현지 취재: 2013년 6월 29~30일)

베트남 호찌민에서 4시간 거리인 껀터 시에서 다시 메콩강 지류를 따라 2시간을 더 달려야 닿을 수 있는 오지 마을 톳놋. 이곳이 고향인 탄뚜엔(24세)은 3년 전 눈부신 5월의 신부가 됐다. 신랑은 중매업체를 통해 자신을 선택한 김모(42세) 씨. 그가 부산에 사는 재단사라는 얘기를 듣고 만난 지 이틀 만에 결혼식을 올렸다. 한국행을 택한 것은 가난을 벗어나 보다 나은 미래를 설계하리라는 기대 때문이었다. 이종사촌 언니(25세)가 이미 경주의 한 농가로 시집을 갔기 때문에 거부감도 없었다. 언니는 형부(46세)와 함께 아이 둘을 낳고 잘 사는 것으로 보였다. 무엇보다 이모네는 빚을 갚고 형편이 많이 핀 것 같았다.

결혼식 후 3개월 만에 다시 만난 남편은 베트남에서 볼 때와 많이 달랐다. 실업자나 마찬가지였고 무엇보다 탄뚜엔을 냉대했다. 탄뚜엔은 "친정엄마가 아프다고 하니 30만 원을 주면서 알아서 하라고 한 게 남편이 준 도움의 전부다"고 했다. 결국, 4개월 만에 가출했다. 경기도 수원에서 원단 공장과 식당을 전전하며

항공료를 마련하여 집으로 돌아왔다. 남편은 곧 이혼 소송장을 보내왔다. 탄뚜엔은 결혼 사진을 보여 주며 "스스로 결정한 일이지만 잘못된 선택이었다"고 했다. 그럼에도 탄뚜엔은 한국행에 재도전할 계획이다. 그는 수원에서 만난 50대 남자가 결혼을 원한다고 믿고 있었다. "이혼 후 5년간 결혼비자 신청에 제한을 받기 때문에 기다리고 있다"고 했다. 이번엔 첫 결혼 생활과 다를 것이라고 믿는 눈치였다.

탄뚜엔의 사연은 베트남 이주여성의 상황을 잘 보여 준다. 베트남은 아시아 역내 이주에서 대표적 '송출국'이다. 1987~2006년간 대만행 결혼이주여성 37만 명 중 베트남 출신이 30%를 차지한다. 이는 1990년대 들어 상업적 결혼 중매업이 성행했기 때문이다. 2004년부터 한국행이 급증한 것은 대만행이 제한된 탓이다. 2003년 19세 베트남 신부가 학대당한 후 공단 쓰레기더미에서 발견된 사건 이후 대만 정부는 결혼 당사자 전원을 심층 인터뷰하는 제도를 도입하고 불법 중매업체의 활동을 엄격하게 규제하기 시작했다.

대만행이 어려워지자 베트남 신부들은 한국으로 몰렸다. 2012년 11월 현재 한국 체류 결혼이주여성의 24%(4만 7천 명)가 베트남 출신이다. 조선족을 제외하고 가장 많다. 2012년에도 6,586명이 한국 남성과 결혼했다. 이들 중 대다수는 메콩델타 출신 젊은 여성들이다. 메콩델타는 베트남에서 가장 빈곤한 지역 중 하나로 인구과밀과 빈부격차가 심하다. 이곳의 딸들은 일찍 학업을 중단하고 일자리를 찾아 외지로 나가는 경우가 흔하다.

'성공한 국제결혼'이 빈곤탈출의 가장 좋은 방법이라고 생각한다.

그러나 '수용국' 현실은 이주여성의 기대와 일치하지 않는다. 여성들은 친정에 송금을 할 수 있을 것이라는 희망을 갖고 떠난다. 한국 드라마 속 화려한 생활도 이들의 결정을 부추긴다. 하지만 한국의 남편은 드라마 속 주인공과는 거리가 멀고 일자리도 쉽지 않다. 현실이 다른 줄 알아도 복권에 당첨되길 기대하는 심정으로 짐을 꾸린다.

2010년 조사에 따르면 국제결혼 가족의 60%가 월 200만 원 이하의 저소득층이다. 비용을 최소화하기 위해 결혼 과정은 급속도로 진행된다. 대부분 서로를 제대로 알지 못한 채 예식부터 치른다. 어쩌면 부작용이 많은 것은 당연하다. 2004년 147건이던 한-베트남 부부의 이혼은 2012년 1,992건을 기록했다. 8년 만에 13배가 증가한 것이다.

한국 남편의 기대도 어긋나는 것은 마찬가지이다. 같은 동양인, 유교문화권이라는 생각으로 결혼을 추진하지만 양국의 가족관계와 규범은 차이가 크다. 부계 혈통을 중시하는 한국의 가부장적 규범과 어머니와 딸의 관계를 각별히 중요하게 여기는 베트남의 모중심적 가족관념은 서로 모순적이다. 빨리 아이를 낳아 대를 잇고 아내가 한국인으로 살길 바라는 남편과 딸로서 베트남 친정을 도와야 한다고 생각하는 부인은 서로 갈등하게 된다. 상호 기대와 욕망이 어긋나는 것이다.

메콩델타에서 만난 귀국여성들은 결혼 생활 초기부터 혼인의 진정성에 대한 의심을 받으면서 기본적인 가족관계의 형성에 큰 어려움을 겪었다고 말한다. 중매업자에게 돈을 주고 샀다고 생각하며 결혼이주여성을 소유물처럼 취급하기도 한다는 것이다. 한국 가족으로부터 베트남에 대한 어떤 존중도 느끼지 못했다고 말하는 여성이 많았다.

이혼이 증가하면서 이들 사이에서 태어난 2세들의 문제도 심각해지고 있다. 메콩델타에만 혼혈 자녀가 3천 명이 넘는다는 증언도 있다. 대다수가 대만-베트남 혼혈이지만 최근에는 한-베트남 자녀가 눈에 띄게 늘고 있다. 이혼 후 귀국해서는 아이를 친정어머니가 키우게 하고 자신은 대도시로 나가 돈을 버는 경우가 많다. 끼우 뚜옌(23세)도 이런 경우이다. 그의 고향 떤록은 '대만섬'으로 불릴 정도로 대만행 결혼이주가 많았다. 근래에는 '한국섬'으로도 통한다. 그는 2008년 중매업 모집책이 공장관리자라고 소개한 한국인 남편을 만나 결혼했다. 하지만 실제 철공소에서 일하고 있었고 생활고가 심했다. 폭력과 고립감에 시달리다가 끼우 뚜옌은 임신한 몸으로 가출했다. 도망치듯 귀국해 아들 '민국'을 낳았고 현재는 외지에서 양육비를 벌고 있다. 아이는 지금처럼 계속 외할머니 손에서 자랄 가능성이 높다. 베트남 정부는 혼혈 아동 문제를 방관하고 있다. 버려진 아이들에 대한 이야기가 무성하지만 정확한 통계도 없다.

이처럼 문제는 많지만 해결책은 간단치 않다. 전문가들은 아시아 지역 내 경제 편차가 있는 한, 결혼이주는 계속될 것이라고 입을 모은다. 한국행이 제한되면 이들은 중국으로 옮겨갈 가능성이 높다. 이미 중국행은 증가 추세이다. 베트남에서 규제가 강화되면 한국 남성은 다른 나라에서 신부를 찾게 될 것이다. 최근엔 재혼이나 고령의 부모를 돌보게 할 목적으로 동남아 여성과 결혼을 추진하는 사례도 적지 않다.

그렇다면 어떤 대책이 필요할까. 무엇보다 결혼이주여성에 대한 사전교육을 강화하는 것이 절실하다. 한국으로 떠나기 전 베트남 신부가 한국 관련 정보를 얻을 수 있는 기관은 아시아문화교류재단(ACEF)과 유엔인권정책센터(KOCUN) 두 곳 정도이다. 이들은 며칠 안 되는 한국어 교육과 간단한 기본 정보를 제공할 뿐이다. 그나마 의무사항도 아니다. 호찌민 한국문화원 김기영 원장은 "솔직히 현실을 보면 갑갑할 때가 많다. 하루 교육으로 한계가 많겠지만 그래도 안 하는 것보다는 낫다"고 한다. 껀터 유엔인권정책센터 정다와 지부장도 "가정폭력, 인권침해 등 한국에서 겪을 수 있는 상황에 대한 대응 방법 교육이 더욱 필요하다"고 한다. 베트남 신부만을 대상으로 한 '한국인 만들기' 교육을 넘어서서, 한국 남편과 그 가족을 대상으로 한 다문화교육도 절실하게 필요하다. 이 밖에 양국이 협력을 통해 풀어야 할 일도 많다. 하지만 베트남 정부는 결혼이주여성의 문제에 대해 방관하는 자세를 취할 때가 많다. 상업적 결혼 중매업, 결혼이주여성의 시민권, 취업, 육아, 다문화 자녀교육 등이 현안이지만 한국 정부에서도 일관되고 효율적인 정책을 아직 제시하지 못하고 있다. 한국이 단일민족 사회에서 다민족 사회로 변화해 가는 과정을 엄연한 현실로 받아들이고 이에 대해 정부와 시민사회가 적극적으로 대처하는 것이 필요한 때이다.

베트남 결혼이주에 관한 인터뷰

홍쏘안 교수(Nguyen Thi Hong Xoan)
호찌민 시 국립대학교 사회학과장

질문자: 공동 취재단(오명석, 최호림, 중앙일보 전영선 기자)
일자: 2013년 7월 1일

국제결혼에 대한 베트남 사회의 인식은 어떠한가?

베트남에선 큰 이슈이다. 결혼 실패 사례가 많아졌기 때문이다. 외국인과 결혼한 여성을 비난하는 분위기가 있다. 그러나 결혼은 사적인 일이기 때문에 국제결혼을 금지할 수는 없다. 베트남에서 여성은 18세, 남성은 20세면 합법적으로 결혼할 수 있다.

베트남 여론은 어떠한가?

학자들의 시각은 서로 다를 수 있지만, 미디어는 주로 부정적인 사례를 다룬다. 언론 보도가 여론에 영향을 미치며 한국과 대만에 대한 부정적 의견이 형성될 수 있다. 특히 '베트남 여성을 사러 오는 나라'라는 인식을 하게 한다. 이전에는 대만의 사건들이 많이 보도되었고, 한국에서 베트남 여성이 자살했다는 소식 등이 크게 보도되었다. 자살한 여성에 대한 보도를 접하고 사람들은 한국이나 대만은 잘사는 나라이지만 부정적인 일도 많이 벌어지고 있다는 이야기를 많이 하게 되었다. 물론 대중들 사이에는 좋은 이미지도 있다. 대중의 여론은 비난과 호감이 혼재돼 있는 것으로 보인다.

본인의 연구를 설명해 달라.

메콩델타 지역 여섯 마을에서 국제결혼 여성의 가족 조사를 했다. 중매업체를 통한 국제결혼이 이 지역에 어떤 영향을 미치는지를 연구했다. 특히 경제적·사회적 영향을 살펴보았다. 지방 관료들과도 인터뷰를 했는데 부정적인 보도와 현실 사이에는 다른 점이 있었다. 이 지방 사람들은 실제 많은 경우 성공적인 국제결혼을 한 것으로 조사되었다. 여성이 이주하여 돈을 보내고 형제자매를 도와주는 경우가 많았고, 집을 고치거나 새로 구입하는 경우도 적지 않았다. 경제적으로 실제로 많은 도움이 되는 것을 볼 수 있다. 그러나 사회적 측면에서는 부정적인 측면이 있었다.

귀국한 이혼 가정 아이들의 현황은 어떠한가?

이혼 가정의 자녀에 대한 구체적인 조사연구는 아직 없다. 이들에 대한 연구가 시급하다. 2009년에 대만인이나 한국인과 결혼했다가 이혼하고 귀국한 여성의 자녀 수가 3~4천 명 정도라는 추정치가 있었다. 지금은 더 늘었을 것이다. 베트남 정부는 이게 현안이 아니라고 생각한다. 일반적인 국민 감정은 스스로 선택해 국제결혼을 했다 실패한 것인데 다른 가난한 사람도 많은데 거기까지 신경 써야 할 이유가 있느냐 하는 것이다. 그럼에도 양국 정부의 대책이 필요하다. 대만의 국제결혼 상황은 한국과는 다른 점이 있다. 대만에선 자녀를 외가에 보내고, 취학 전에 베트남에서 양육하는 경우도 많다. 한국은 상황이 다르다. 아이들을 보내려고 하지 않는다. 이혼한 여성은 법적 지위가 확실하지 않아서 아이를 데리고 귀국하기도 쉽지 않다. 아이를 데리고 와도 경제적인 여력이 되면 국제학교에 갈 수도 있겠지만 대개의 경우는 그럴 형편이 되지 않는다.

한국과 대만의 차이는 무엇인가?

문화적 차이일 것 같다. 한국 남성의 국제결혼의 주된 목적은 아이를 갖는 것이다. 한국 남편과 가족은 아이가 계속 가까이 지내고 옆에 있길 바란다. 아이를 잃을까 두려워하는 것 같다. 대만의 경우 자녀 양육 비용을 절감하기 위해 베트남에 보내는 것이 좋다고 생각하는 사람도 있다. 특히 성공적인 국제결혼의 경우 대만에서 양육비를 보내고 아이를 외할머니가 키우게 하는 방식도 적지 않다. 대만 남자가 좀 더 현실적인 것 같다. 내가 면담한 한 여성의 경우 자녀가 둘인데 한 명은 베트남에서 외할머니가 키우고 한 명은 대만에서 키우고 있었다. 일하면서 아이 둘을 모두 돌보기 힘들기 때문이다. 한국에선 베트남 여성이 일하는 것을 꺼린다고 생각된다. 교육이 높은 남성의 경우 다를 수도 있지만, 일반적으로 여성이 가정에 충실하길 바라는 듯하다. 사람들은 베트남, 한국, 대만 간에 문화적 유사성이 있다고 하는데, 사실은 매우 다르다. 유교를 공유하고 있다지만 각각이 생각하는 유교문화가 다르다.

베트남과 대만의 유사성이 더 큰 것으로 보이나?

한국보다는 대만이 베트남과 더 유사하다고 보이지만 그래도 서로 많이 다르다. 베트남에서도 남과 북이 매우 다르다. 북부는 중국과 비슷한 면이 많지만, 남부는 훨씬 다문화적이다. 캄보디아, 이슬람 등 다양한 외래문화가 혼합되어 있다. 그래서 좀 더 유연하고 개방적이다. 북부는 마을 커뮤니티 단위의 결속이 굉장히 공고하고 지방 단위의 문화 특색이 뚜렷하고 강하다. 남부 문화가 보다 개인적이다.

자녀들의 결혼 결정에 부모가 미치는 영향에도 차이가 있나?

과거에는 부모가 자녀의 결혼을 결정했다. 요즘은 자녀들이 더욱 자유롭다. 도시와 농촌이 다르다. 도시 지역 자녀는 결정권이 강하다.

그럼에도 아직은 서구와는 다르다. 특히 경제적 의존도와 관련이 있다. 부모의 경제력과 협상 능력에 따라 결정이 달라진다. 메콩델타 지역에선 부모의 자녀 결혼에 대한 통제권이 약하다. 부모의 경제력이 없기 때문으로 보인다. 그러나 가난한 가정의 딸이 국제결혼을 하는 경우 대부분 부모에 대한 의무감 때문이다. 좀 더 나은 삶을 위해, 부모를 돕기 위해 국제결혼을 선택한다.

부모들이 국제결혼을 권유하진 않는 것 같은데……

때로는 권유하는 마음을 숨길 것이다. 많은 경우 당사자가 결혼을 결정한 후 부모에게 통보하지만 실제로는 부모들이 권한다. 국제결혼해서 송금을 하고 집을 지어주는 것을 바란다. 결혼이주한 딸이 보낸 돈으로 이웃이 새집을 짓는 것을 보면 강제하기도 한다. 경제적 이유로 인해 그럴 때가 많다. 딸들도 자기 미래를 위해 국제결혼을 결정한다. 그래서 한국에 가서 일하고자 하는 여성과 아이를 낳길 바라는 남성 사이에 충돌이 생길 수 있다. 남편이 돈을 안 주면 일해서 돈을 보내고 싶어 할 것이다.

미혼 딸은 가정에서 어떤 역할을 하나?

부모들은 딸들이 온전히 가정을 이루길 바라지만, 미혼의 딸은 일을 나가서 돈을 벌어야 한다. 빈곤한 가정은 딸의 경제적 역할을 어릴 때부터 기대한다. 국내에서도 딸이 도시로 이주해서 집으로 돈을 보내 생계를 지탱하는 경우가 많다. 그래서 학교를 빨리 관두는 딸이 많은 것이다. 너무 가난하면 당장 보탬이 필요하니까. 여유가 있으면 아들딸 모두 공부시키지만 그렇지 못하면 아들부터 공부를 시킨다. 그런 분위기는 여전한 편이다.

미혼 아들은 어떤가?

딸은 나가서 일하거나 이주를 하여 송금을 하는데, 남성 이주자는 송금을 덜 한다. 기혼 아들은 자신의 가정을 위해 저축을 해야 한다. 여성이 경제적으로 큰 역할을 하지만 제약도 여전하다. 베트남에서도 남편이 성공한 여성에 대해 두려움을 갖고, 교육을 많이 받은 여성이 주도하는 가정일수록 이혼 사례가 훨씬 많은 편이다. 평균적인 이혼율은 11~12% 정도이지만 최근 높아지고 있다.

한국 남성과 결혼한 베트남 이주여성의 경우 지난해 1,900명 이상이 이혼했다.

1년간 이혼이 1,900건 이상이면 굉장히 많은 것이다. 대만-베트남 부부의 이혼율은 12% 정도로 추정되는데, 한국은 왜 그렇게 높은지 확인해야 할 것 같다. 부부의 목표나 기대가 서로 다른 데서 비롯된 듯하다. 대만과 한국에서 이주여성이 일하는 비율의 차이도 영향이 있을 것으로 보인다.

대만에선 베트남 여성이 어떤 일을 하는가? 한국으로 이주한 여성의 일자리와 어떤 차이가 있나?

대만의 경우 차 재배 지역에서 일하는 이주여성이 많다. 특별한 기술을 필요로 하지 않는다. 한국에서도 대개 특별한 기술이 필요로 하지 않는 직장이 많지만, 공장에서는 남성 직원을 선호하는 경향이 강하다. 그리고 가정에서 여성의 취업을 원하지 않는 것도 영향이 크다. 한국의 경우 패밀리 비즈니스에서 일하는 것은 괜찮다고 할 것이고, 여성이 서비스 직종에 종사하면 문제가 생긴다고 생각할 것이다. 그러나 패밀리 비즈니스에서는 일을 해도 돈을 주지 않으므로 문제가 생긴다. 문화적 차이도 커서 적응에 어려움을 겪는 데다가 송금할 소득이 없다면 더더욱 한국에서 결혼 생활을 유지하는 것은 이득이 없다고 생각할 것이다. 그렇게 느끼면 이혼을 결심하게 될 것이다. 만

약 한 마을에 딸이 대만으로 시집간 집과 한국으로 시집간 집이 있다고 하자. 대만에선 돈을 보내와 자랑스러워하면 당연히 비교될 수 있다.

전통적 한국 가정에선 부자지간의 관계가 가정의 중심이 된다. 베트남은 어떤가?

어머니와 딸 관계가 친밀하다. 남부의 가족은 더욱 어머니와 딸의 관계를 중요시한다. 가정의 중요한 의사결정은 북부에서는 남성 가장이 하지만, 남부에선 어머니 발언권이 크다. 딸의 영향력도 크고, 막내딸이 부모를 부양하는 경우가 많다.

장기적으로 결혼이주가 베트남 사회에 어떤 영향을 미칠 것으로 보나?

내 생각엔 장기적으로는 부정적이다. 국제결혼이 계속된다면 정부가 직업 상담을 더 해야 할 것 같다. 또 국제결혼 상대에 대한 제대로 된 정보를 제공해야 할 것이다. 문화적 차이가 있다는 것도 제대로 제시하고 현실을 제대로 볼 수 있도록 해야 한다. 그리고 선택의 여지를 줘야 한다. 현재는 도박 수준이다. 잘되면 행운이고 아니면 할 수 없다는 식이다. 베트남에서 결혼해도 못살 수 있으니까 그냥 하는 것 같다. 베트남 발전엔 장기적으로 부정적이다. 여성의 학업 중단도 심각하다. 공부하지 않고 외국인과 결혼하면 된다고 생각하는 어린아이들이 많다. 학교에 가도 뾰족한 수가 없으니까 포기한다. 빈곤한 메콩델타에서 여성이 미래가 없다고 느끼면 이런 현상이 지속될 것이다. 떤록(Tân Lộc)에 젊은 여성의 70%가 한국인 혹은 대만인과 결혼한 마을이 있다. 그곳 남성은 결혼하기가 어렵게 되었다. 배우자를 구할 수 없게 된 것이다. 그곳을 대만섬이라고 부른다. 5년 전 그 마을을 조사할 때 4~5세가 된 이혼가정 자녀 두 명이 있었다. 외할머니가 키우는 아이들이었다. 커서 누구와 결혼할 것인지 물어봤더니 "대만 사람이나 한국 사람"이라고 했다. "왜? 캄보디아는 어때?"라고 했더니 "싫어. 그들은 가난해"라고 답했다. 어릴 때부터 이러한 생각을 갖고 지내다 보면 좋지 않다. 대만 남자는 부자이고 캄보디아 남자는 가난하다는 생각을 갖고 자란다.

한국으로 결혼이주가 증가한 이유가 무엇인가?

2003년 이후 대만 국제결혼에 대한 부정적인 보도가 많았다. 대만 정부가 통제를 시작하면서 한국행으로 바뀌게 되었다. 한국은 접근하기 쉬운 시장일 뿐이다. 비자를 밟는 절차도 쉽다. 한국인과 결혼하기 너무 쉬운데 한국 정부는 신경을 쓰지 않았다. 그래서 정신이상자와 결혼한 경우도 있었다. 베트남 정부는 부작용을 알면서도 미온적이다. 하지만 국제결혼을 법적으로 금지할 수는 없다. 남자는 20세 이상, 여자는 18세 이상이면 결혼할 수 있다.

베트남 정부가 국제결혼을 장려하는 것 같다는 느낌을 받았다.

결혼 중개업자가 장려하는 것이다. 베트남에서 매춘은 불법이지만 존재한다. 정부는 심각하게 처벌하지만, 돈 때문에 위험을 무릅쓰고 하는 일이다. 한국 남성들이 나체의 베트남 여성을 고르는 경우도 있다고 한다. 돈 때문에 생기는 일이다. 굉장히 위험한 사업이다. 그래서 중개업자들은 여성들을 철저하게 교육한다. 당국 앞에서 어떤 말을 해야 할지를 미리 말해 준다. 베트남에서는 오히려 한국 정부가 국제결혼을 장려하는 분위기가 있다고 생각한다. 한국 정부의 예산이 불법 활동에 유입되기도 한다. 한국과 베트남 양쪽 모두에 중개인이 있어서 가능하다. 여성의 가족은 신랑이 보내는 돈을 거의 받지 못한다.

한국 정부가 남편의 경제적 상황을 고려하여 국제결혼을 허가하는 방향으로 규칙을 개정하려고 한다. 이것에 동의하는가?

지금은 최소한의 안전장치도 없다. 정신 병력을 가진 사람도 결혼한다. 물론 가난한 남자가 결혼해도 된다. 하지만 가난하다는 것을 공개해야 한다. 베트남 여성이 한국 남성과 결혼하는 이유는 보다 나은 기회를 잡기 위해서이다. 가난해도 같이 일할 수 있으면 가능한 일이다. 경제 상황에 따라 결혼하는 것을 금지하는 것보다 정확한 정보를 제공하는 것이 더 중요하다. 부자인 척하는 게 문제지 가난한 게 문제가 되는 것은 아니다. 대만의 경우 재정 상태에 따른 제한은 없지만, 비정상적인 상황인지 여부는 본다.

메콩델타 지역 여성이 실패 사례를 보고도 계속 국제결혼하는 이유는 무엇일까?

경제 상황이 가장 큰 이유이다. 노동이주는 남성 위주로 이루어지니까 여성은 결혼을 선택하는 것이다. 필리핀에선 여성 노동이주가 많지만, 베트남의 경우 국내 이주는 여성, 해외 이주는 남성이 많다. 간호사나 가사도우미 등으로 해외 이주하는 여성도 있다. 시장의 수요에 따라 다를 것이다. 대만엔 가사도우미 수요가 많다.

한류 영향이 있을까?

직접적인 영향은 없다. 물론 한류를 통해 한국이 좋은 나라이고 친절하며, 잘사는 곳이라는 생각을 갖게 될 수도 있다. 신부들이 한류 이야기를 많이 하는 이유는 그렇게 교육받은 경우가 많기 때문이다. 중개업자를 통해 주로 듣는 얘기는 "어리기 때문에 남편이 잘해 줄 것이다", "한국은 아름다운 나라다", "잘사는 나라다" 등이다. 많은 여성은 남편이 부자인 줄 알고 결혼한다. 막상 결혼하면 시부모와 같이 살아야 하고 상상했던 모습이 아니어서 문제가 생긴다.

귀국여성들에게 물어보면 결혼 이유를 빚 때문이라고 한다. 그게 일반적인 일인가?

일반적이다. 사금융업자에게 돈을 빌리는 데 고금리이다. 장례, 결혼, 질병 등 다양한 이유로 빚을 지게 되지만 쉽게 갚을 수 없다. 채권자는 대개 마피아이다. 지역 마피아가 있다. 농촌에선 은행에서 돈을 빌리기가 힘들다. 소득증명을 해야 하는 데 소득이 없다. 정부가 빌려주기도 하는데 회수율이 낮다.

국제결혼의 미래는 어떨까?

중국과의 국제결혼이 늘어날 것이다. 중국도 여성이 부족하다. 베트남도 여성이 부족하다. 농촌에서는 여전히 남아선호가 남아 있어 성비가 112 대 100 정도이다. 게다가 메콩 지방에는 결혼이주한 여성이 많아 배우자를 구하지 못하는 남자들이 늘어나고 있다. 베트남에도 가령 캄보디아 같은 국가에서 시집오는 여성이 생길 수 있다.

한-베트남 국제결혼이 갖는 긍정적인 영향도 있나?

지역 경제에 도움이 된다. 문제는 부정적인 측면은 보지 못하는 것이다. 귀국한 이주여성들은 호찌민 등 대도시에 숨는다. 국제결혼에 실패한 사실을 숨긴다. 마을에서는 새집만 보이고 송금을 받는 모습만 부각된다. 장기적으로는 마을 공동체나 국가 전체를 위해 부정적인 영향을 미칠 수 있다. 결혼 송출국은 심각한 문제를 만나게 될 것이다.

참고문헌

김이선·김인순·이창호·박준규·한국여성정책연구원. 2008.「다문화사회로의 이행을 위한 문화정책 현황과 발전방향」. 한국여성정책연구원.

김이선·민무숙·김경미·주유선·이정원. 2011.『결혼이민자의 사회적 관계 증진을 위한 정책지원방안』. 한국여성정책연구원.

김이선·황정미·이진영. 2007.「다민족·다문화사회로의 이행을 위한 정책 패러다임 구축 (I): 한국사회의 수용 현실과 정책과제」. 한국여성정책연구원.

법무부. 2013.『출입국·외국인정책본부 통계연보 2012』.

법무부. 2013.「출입국·외국인정책본부 통계월보」2월호.

설동훈. 1999.『외국인노동자와 한국사회』. 서울대학교출판문화원.

______. 2009.「고용허가제 송출국가별 사용자 선호도 차이발생사유 등 분석 및 개선방안 연구」. 노동부.

______. 2013a.「중소기업관리자의 외국인에 대한 사회적 거리 분석」.『지역사회학』14권 2호: 203-229.

______. 2013b.「한국의 이주노동자 인권실태 및 개선방안」.『외국인 근로자 인권 실태 및 개선 방안 학술세미나』. 국회인권포럼·국회입법조사처: 3-22.

설동훈·고재훈. 2015.「외국인근로자 고용허가제 만족도 조사 연구」. 한국산업인력공단.

정기선·강동관·김석호·설동훈·이규용. 2010.「체류외국인 실태조사: 고용허가제와 방문취업제 외국인의 취업 및 사회생활」. 법무부.

최호림. 2015.「국제결혼에서 귀환까지: 베트남 여성의 한국행 결혼이주 경험에 관한 연구」,『동아연구』68권: 143-182.

한건수·설동훈. 2007.『이주자가 본 한국의 정책과 제도』. 한국여성정책연구원.

Bélanger, Danièle, Khuat Thu Hong, and Hye-Kyung Lee. 2011. "Sweet Dreams, Sour Endings: Stories of Vietnamese Immigrant Spouses Returning Home." Paper presented at the Workshop on *Transnational*

Marriage Migration of Vietnamese Women to East Asia: Toward a Multi-dimensional View, July 1st, Hanoi, Vietnam. (org. by Institute for Social Development Studies, ISDS).

Bélanger, Danièle, Khuat Thu Hong, and Tran Giang Linh. 2011. "Threatening Nationalism, Patriarch and Masculinity: Constructions of Transnational Marriages between Vietnamese Women and East Asian Men in Vietnamese Mass Media." Paper presented at the Workshop on *Transnational Marriage Migration of Vietnamese Women to East Asia: Toward a Multi-dimensional View*, July 1st, Hanoi, Vietnam. (org. by ISDS).

Duong Hien Hanh. 2008. "Broken up cases of Taiwan-Vietnam Marriages." Paper presented at the International Workshop on *Multicultural Marriage in Globalization Era*. The Centre of Research and Consultancy for Social Development, National University in HCMC. 29-30 August, HCMC, Vietnam.

Kymlicka, Will. 2003. "Multicultural States and Intercultural Citizen." *Theory and Research in Education* 1(2): 147-169.

Nguyen Thi Hoa. 2008. "Social Mobility and its relationship to Cross-Border Marriage." Paper presented at the International Workshop on *Multicultural Marriage in Globalization Era*. The Centre of Research and Consultancy for Social Development, National University in HCMC. 29-30 August, HCMC, Vietnam.

Nguyen Thi Hong Xoan. 2013. "The life experiences of Vietnamese Brides in Korea-An Analyzation from Cultural Perspectives." Paper presented at the ASEAN-Korea Center's Workshop on *Multiculturalism in Korea and ASEAN's Contribution*, 16 May, Seoul, Korea.

Seol, Dong-Hoon. 2012a. "The Citizenship of Foreign Workers in South Korea." *Citizenship Studies* 16(1): 119-133.

______. 2012b. "The Work and Lives of Immigrants in Korea." Paper presented at the International Conferences of the *2012 Australia-Korea Multiculturalism Symposium: Implications for Education*, organized by the Asia-Pacific Centre of Education for International Understanding under the auspices of

UNESCO (APCEIU) and the Australian Education International. Grand Ballroom, The Plaza Hotel, Seoul. 7 June.

_____. 2014. "Immigration Policies in South Korea: On the Focus of Immigration Requirement and Incorporation to Korean Society." *Migration and Integration: Common Challenges and Responses from Europe and Asia*, edited by Wilhelm Hofmeister, Patrick Rueppel, Ives Pascouau, and Andrea Frontini (pp. 73-97). Brussels, Belgium: European Policy Centre.

찾아보기

저자 소개(가나다순)

김이선

서울대학교에서 학사와 석사를 이수하고, 서울대학교에서 태국 치앙마이 반타와이의 관광 개발과 문화 변동에 관한 논문을 제출해 2003년에 인류학 박사학위를 받았다. 현재 한국여성정책연구원 연구위원으로 재직하고 있으며, 2006년부터 베트남 출신 결혼이민자를 포함한 이민자 집단과 관련 정책에 관한 연구를 해왔다.

주요 저서로는 『여성 결혼이민자의 문화적 갈등 경험과 소통증진을 위한 정책과제』(2006, 공저), 『결혼이민자의 사회적 관계 증진을 위한 정책지원방안』(2010, 공저) 등이 있다.

설동훈

서울대학교에서 학사와 석사 및 박사 과정을 이수하고, 1996년에 「한국사회의 외국인노동자에 대한 사회학적 연구: 외국인노동자의 유입과 적응을 중심으로」라는 논문을 제출해 사회학 박사학위를 받았다. 현재 전북대학교 사회학과 교수와 사단법인 고용이민연구센터 이사장으로 일하고 있다.

주요 논문으로는 "The Citizenship of Foreign Workers in South Korea"(2012), "Mobilizing Public Opinion for/against Foreign Labor Policies in Korea, 1995-2005"(2013), "Dynamics of Ethnic Nationalism and Hierarchical Nationhood: Korean Nation and Its Othernesss since the Late 1980s"(2014), "Social Effect of the Influx of Immigrants into Korea"(2014), "Immigration Policies in South Korea: On the Focus of Immigration Requirement and Incorporation to Korean Society"(2014), "The Political Economy of Immigration in South Korea"(2015), 「국제인구이동과 이민자의 시민권: 독일·일본·한국 비교연구」(2013), 「국제결혼이민과 국민·민족 정체성: 결혼이민자와 그 자녀의 자아 정체성을 중심으로」(2014), 「다문화가족의 복지와 한국의 미래」(2014), 「한국의 국경을 넘나드는 성매매 여성들」(2014), 「세계 각국의 난민 상황과 정책」(2015), 「한국의 인구고령화와 이민정책」(2015) 등이 있고, 주요 저서로는 『외국인노동자와 한국사회』(1999), 『노동력의 국제이동』(2000), 『韓国の少子高齢化と格差社会』(2011, 공저) 등이 있다.

오명석

서울대학교에서 학사와 석사를 이수하고, 호주의 모나쉬대학교 인류학과에서 말레이시아 농촌마을의 소농경제에 대한 논문을 제출해 1993년에 인류학 박사학위를 받았다. 현재 서울대학교 인류학과 교수와 서울대학교 아시아연구소 동남아센터장으로 재직하고 있다.
최근 주요 논문으로는 「말레이시아에서의 돼지고기 소비와 종족관계」(2004), 「동남아 이슬람의 쟁점: 이슬람과 현대성」(2011), 「이슬람적 소비의 현대적 변용과 말레이시아의 할랄인증제」(2012), 「동남아의 수피즘」(2013) 등이 있고, 주요 저서로 『동남아의 화인사회』(2000, 공저), 『동남아의 지역주의와 종족갈등』(2003, 공저), 『세계의 풍속과 문화』(2005, 공저), 『우리 안의 외국문화』(2006, 공저) 등이 있다.

유티미하

1973년 베트남에서 태어나서 호찌민 재정회계대학교를 졸업하고, 1997년 한국으로 이민을 왔다. 현재는 2014년부터 재한베트남문화징검다리 회장으로 재직하고 있으면서 한국과 베트남 사이에 결혼이주와 다문화와 관련된 일을 하고 다문화 강사로 활동하고 있다. 한국문화예술교육진흥원에서 발급하는 문화예술교육 전문인력 교육 과정 수료(2008), 한국이주노동자인권센터에서 수행하는 다문화인권교육 강사양성과정 수료(2008) 등 한국에서 진행하는 다양한 교육 과정을 이수하는 동시에 인천여성복지관 결혼이민가족센터 아동지도사(2007-2008), 인천북부고용지원센터 외국인 종합지원센터 베트남어 상담 통역봉사(2009), 인천국제교류센터 외국인종합지원센터 재한베트남교민회 부회장(2010), 주한베트남교민회 회장(2012-2013) 등을 역임하면서 활발한 활동을 하고 있다. 제3회 전국다문화가족 모국춤 페스티벌에서 은상(2014), 부천외국인노동자의 집이 수여하는 지역사회발전 공헌상(2012), 주한베트남 대사관이 수여하는 공헌상(2012) 등을 수상하였다.

최호림

서울대학교 인류학과에서 학사와 석사를 이수하고 베트남의 의례활성화와 국가-사회관계에 관한 논문으로 2003년 인류학 박사학위를 받았다. 현재 부경대학교 국제지역학부 조교수로 재직하고 있다.
주요 논문으로는 「베트남 전쟁과 관광: 과거의 체현과 진정성의 경합」(2009), 「韓国へのベトナム人移住労働: 政策, 社会資本, 仲介業および連鎖移住」(2010), 「베트남의 소수종족과 국가: 종족분류체계 및 종족정책에 관한 비판적 고찰」(2012), 「국제결혼에서 귀환까지: 베트남 여성의 한국행 결혼이주 경험에 관한 연구」(2015) 등이 있고, 주요 저서로는 *Modernity and Re-Enchantment: Religion in Post-Revolutionary Vietnam*(2007, 공저), 『동남아시아의 박물관』(2011, 편저), 『한국 속 동남아현상』(2012, 공저), *Multicultural Challenges and Redefining Identity in East Asia*(2014, 공저) 등이 있다.